PIERRE DUFAY

CELUI DONT ON NE PARLE PAS

EUGÈNE HUGO

Sa Vie ✧ Sa Folie ✧ Ses Œuvres

LETTRES ET DOCUMENTS

= inédits ou peu connus =

PARIS

JEAN FORT, Editeur

12, Rue de Chabrol, 12

1924

EUGÈNE HUGO

DU MÊME AUTEUR

Victor Hugo à vingt ans. — *Glanes romantiques.*
Paris, Mercure de France, 1900; in-12.

Journaux inédits de Jean Desnoyers et d'Isaac Girard, publiés avec introduction et notes.
Paris, Champion, 1912; in-8.

Les Sociétés populaires et l'Armée, 1791-1794. Documents inédits.
Paris, H. Daragon, 1913; in-12.

Charles Baudelaire. — *Les Fleurs du Mal.*
Édition du centenaire, avec une introduction bibliographique contenant de nouveaux documents sur le procès de 1857.
Paris, Librairie des Bibliophiles parisiens, 1921; in-8.

Recueil de Poésies diverses de M. Robbé de Beauveset, publié avec introduction et notes d'après le manuscrit appartenant à la Bibliothèque municipale de Blois.
Paris, J. Fort, 1921; in-8.

Cuisin. — *La Vie de garçon dans les hôtels garnis de la Capitale.*
Nouvelle édition précédée d'une introduction bibliographique.
Paris, J. Fort, 1924; in-8.

PIERRE DUFAY

CELUI DONT ON NE PARLE PAS

EUGÈNE HUGO

Sa Vie ◇ Sa Folie ◇ Ses Œuvres

LETTRES ET DOCUMENTS

= inédits ou peu connus =

PARIS

JEAN FORT, Editeur

12, Rue de Chabrol, 12

1924

IL A ÉTÉ TIRÉ DE CE VOLUME :

huit cent cinquante exemplaires numérotés à la presse ;

dont cinquante sur papier de Hollande.

EXEMPLAIRE N° 339

A

MONSIEUR LOUIS BELTON

en témoignage

de respectueuse et d'affectueuse gratitude.

EUGÈNE HUGO

> Derrière elles, au fond du retrait riche et sombre,
> Emphatique comme un trône de mélodrame,
> Et plein d'odeurs, le lit, défait, s'ouvrait dans l'ombre.
>
> (PAUL VERLAINE, *Les Amies*.)

Il tient, ce Lit, une place énorme dans l'existence et dans les biographies de Victor Hugo. Encombrant, il occupe le devant de la scène où il s'élève, comme un autel. Accessoire de vaudeville, il vise à la comédie de mœurs, sinon au drame. On y doit monter par un praticable. C'est presque un de ces ingénieux frontispices qu'a inventés l'imagination de Félicien Rops ; la couche où repose, couronnée de roses, la divine Aphrodite, dont approchent les communiants de la *Messe de Gnide,* leurs voiles transparents soulevés par des amours rieurs et potelés, dont des bonnets d'enfants de chœur surmontent le chef.

Ces enfants de chœur, c'est un peu nous aussi ; c'est la postérité, soulevant les voiles qui, depuis longtemps, ont cessé de masquer, si jamais ils masquèrent quelque chose, les amours de Jupiter et de Léda. Le bonnet lui manque — par-dessus quels moulins ne l'a-t-elle point jeté ? — mais elle rit, ou du moins sourit, attristée, peut-être, plus qu'amusée, jugeant que les exploits du grand Pan auraient gagné à être moins brutalement éclairés par les projecteurs qui, des troisièmes galeries, jettent sur le carton doré de cette apothéose l'aveuglante lumière de leurs feux.

Tout a été dit et ressassé, touchant ces conjonctures : les fiançailles et le mariage, les oarystis, la trahison possible de la femme sans ménagement instruite de celle du mâle, l'attitude vilaine de Sainte-Beuve — de mauvais vers aggravant une mauvaise action. Rien ne nous est demeuré inconnu. Et ce fut, livrée aux cent voix de la Renommée, la liaison du poète avec Julienne-Joséphine Gauvain, dite Juliette Drouet (1) ; le double ménage pour aboutir au con-

---

(1) Victor Hugo, qui avait l'innocente manie d'inscrire sur ses carnets des dates souvent aussi inexactes qu'inutiles, fixe au mardi gras 17 février 1833 sa première nuit d'amour avec Juliette Drouet.

Outre que le mardi gras tombait, cette année-là, le 19 et non le 17, ainsi que l'a fait judicieusement remarquer Léon Séché, les relations du poète et de la comédienne devaient remonter plus haut. Victor Hugo, bon comptable de ses deniers, ne se serait sans doute pas engagé, le 29 juin 1832, à payer le 29 novembre suivant, au « facteur de pianos » Cluesman les 800 francs que Juliette devait encore au commerçant pour l'achat d'un piano, si la médiocre interprète de la princesse Negroni avait eu encore quelque chose à refuser à « son » auteur.

Se reporter à l'intéressante communication faite à la société *Le Vieux Papier*, par M. A. L'Esprit : *Cluesman, facteur de pianos parisiens* (juillet-octobre 1917, pp. 178-181, fac-similés), que j'ai moi-même utilisée dans le *Mercure de France* du 16 mai 1918 : *Le Piano de Juliette* (pp. 370-372).

cubinat ; la passade qui dura cinquante ans, non sans que quelques aventures à côté, tel le constat d'adultère Biard (1), en aient parfois égayé le cours.

M. Biard croyait, lorsqu'il eut recours à l'écharpe du magistrat, surprendre l'infidèle avec un acteur du boulevard. Ce mari, auquel on ne saurait reprocher d'avoir été complaisant, ne manquait pas d'une certaine clairvoyance. Il ne se trompait qu'à demi.

Histoires de bonnes, comptes de blanchissage,

---

(1) Les relations de Victor Hugo avec Léonie-Denise-Marie Thévenet d'Aunet, épouse Biard, dataient de mai 1844 et ne cessèrent qu'à la fin de mai 1851, à la suite d'une démarche maladroite de « la belle Biard » auprès de Juliette. Le constat de flagrant délit qui faillit transformer le Luxembourg en Haute-Cour de justice pour juger le nouveau pair de France, avait été fait passage Saint-Roch, en juillet 1845. Le mari, avant même la publicité donnée à ses déboires conjugaux, était d'une « frénétique jalousie » et les lettres spirituelles et charmantes de Mme Hamelin, publiées par M. André Gayot, *Une Ancienne Muscadine. Fortunée Hamelin. Lettres inédites,* 1839-1851. (Paris, Emile-Paul, s. d.; in-8, de 2 ff., IV-318 pp.) contiennent de bien amusants détails touchant cette aventure.

Le 6 septembre 1845, elle écrivait de La Madelaine (près Samois), à son jeune correspondant :

« En parlant de ces artistes qui ont deux vanités, celle de l'art, celle du parvenu, l'autre jour je voulais arracher à Biard une main-levée pour commuer Saint-Lazare en Sacré-Cœur. Il bondissait de rage, ses cornes se dressaient sur sa tête ; je lui dis gaiement : « Mon voisin, il n'y a que les rois et les cocus qui aient le droit de faire grâce. Prenez le bon côté de la chose. » Ma foi, il éclata de rire et envoya le pouvoir à maître Fayol son avocat. »

En fait, les Augustines de la rue Neuve-de-Berry furent substituées au Sacré-Cœur : les six mois qu'y passa Mme Biard mirent ce couvent à la mode. « Il ne suffit plus, écrivait le 20 novembre 1846 Fortunée Hamelin, aux femmes malheureuses, amoureuses ou battues. »

ragots de femmes de ménage, on a publié jusqu'à la correspondance de Mlle Drouet (1). Elle incite à sourire. Il y a des mots qui deviennent ridicules lorsque les cheveux ont blanchi et qu'on a atteint l'âge des grands-parents. La réputation des deux amants n'avait rien à gagner à ce déballage.

En dépit des carnets où l'un notait ses prouesses amoureuses et l'autre ses dépenses, ils ne semblent pas avoir eu l'art « d'évoquer les minutes heureuses ». — « Les soirs illuminés par l'ardeur du charbon » manquent ; ni beau l'amour, ni « grand l'espoir » ! Trop d'additions et d'enfantillages composent ces petitesses. Leur « innocent paradis » exhale la fade tiédeur des eaux de toilette et le graillon des ragougnasses. Un insupportable et écœurant remugle d'alcôve s'en dégage.

Les premiers aveux, les fiançailles, la maison des Foucher à Gentilly, l'hôtel Toulouse : Victor Hugo a écrit ou dicté tout cela, se contentant de jeter un voile sur l'amour malheureux qui aurait conduit son frère Eugène à Charenton, tandis que la table du dîner de noce n'était pas desservie et qu'Adèle n'avait point encore dépouillé sa robe blanche d'épousée.

---

(1) Louis Guimbaud : *Victor Hugo et Juliette Drouet, d'après les lettres inédites de Juliette Drouet à Victor Hugo et avec un choix de ces lettres.* Paris, A. Blaizot, 1914 ; in-8, de 2 ff., IV-504 pp. ; portr. en phototypie, dessins inédits de V. Hugo, Pradier, Gavarni, etc.

Edmond Biré, après Gaspard de Pons, a déjà fait allusion à ce double amour qu'aurait inspiré aux deux frères la belle et radieuse jeune fille, cette « Lénore perdue », qu'Eugène devait, hélas ! revoir. Mieux eût valu le « Jamais plus » du *Corbeau*, car, la revoir, ce fut pour lui l'irrémissible folie.

Né le 29 fructidor an VIII (16 septembre 1800) à Nancy, où il fut déclaré le lendemain, à l'état civil, par son père, alors chef de bataillon à la 20e demi-brigade, en présence d'André-Urbain Decomble, caissier de la recette d'arrondissement, et de Julie Hugo, âgée de 29 ans, sa tante, Eugène avait dix-huit mois de plus que son frère Victor. Ensemble, ils devaient suivre quelque temps, à Madrid, les cours du collège des nobles, où les fils de Léopold-Sigisbert Hugo, promu, par Joseph, général au titre espagnol, ne furent point sans échanger des horions répétés avec leurs camarades, dont la « grandesse » s'accommodait mal aux prétentions de l'usurpateur et de sa suite.

Puis était venue l'heure de la débâcle. Tandis que leur frère aîné Abel (1) se voyait, à peine hors de

---

(1) Jean-François Hugo, l'aîné des trois frères, communément désigné par les prénoms d'Abel-Joseph, avait été baptisé à l'église Saint-Epvre, de Nancy, âgé d'environ 19 mois, le 1er thermidor an VII (20 juillet 1800). Il avait eu pour parrain son oncle François-Juste Hugo, qui signa *le jeune*, et pour marraine Jeanne-Marguerite Michaud, veuve de Joseph Hugo, son aïeule.

Abel Hugo qui, vivant de sa plume, traita un peu tous les sujets, fut page, pourvu d'un brevet de sous-lieutenant, Eugène et Victor regagnaient Paris, où, pour satisfaire au désir du père, ils furent sensés préparer, à la pension Cordier et Decotte, l'École polytechnique (1). En réalité, la chose littéraire semblait les préoccuper davantage. Ils appartenaient à cette théorie de jeunes musagètes dont la Restauration provoqua l'éclosion et que des succès faciles, les trébuchants lauriers des prix académiques paraissaient, à vrai dire, griser plus que l'enivrante musique des vers. La littérature était pour eux un *moyen* et non un *but* : Poésie et Beauté — voire les réformes prosodiques dont il n'était point alors question — leur importaient moins que les pensions que l'on pouvait obtenir sur la cassette particulière de Sa Majesté Louis XVIII... et Victor les obtint.

En dehors des pensions, lorsque, en 1825, la Légion d'honneur, qu'ils convoitaient, fut accordée à Lamartine et à Victor Hugo, cette distinction fut la récompense autant de leur dévouement

---

pour la publication des *Odes et Poésies diverses*, l'introducteur de son frère auprès du libraire Pélicier, qui venait de publier *Romances historiques traduites de l'espagnol*, par A. Hugo. L'ouvrage portait cette dédicace qui prouve bien le culte dont Mme Hugo était demeurée l'objet de la part de ses fils : « A ma mère, morte le 27 juin 1821. »

(1) Se reporter à l'intéressante étude de M. Louis Belton où abondent les documents inédits : *Victor Hugo et son frère Eugène à la pension Cordier et Decotte et au collège Louis-le-Grand*. (Blois, impr. R. Duguet et Cie, 1923 ; in-8, de 19 pp.)

dynastique que de leurs « travaux littéraires », ainsi qu'en témoignent le rapport adressé au roi à ce sujet et la lettre par laquelle le vicomte Sosthène de la Rochefoucauld (1) les avisait de la faveur qui leur était impartie :

Voici, en effet, le texte, reproduit par M. O'Kelly de Galway dans l'*Intermédiaire des chercheurs et curieux* du 10 mars 1916, du rapport au Roi, daté du 19 avril 1825, appuyant la demande de Lamartine et de Victor Hugo :

Sire, deux poètes, jeunes encore, mais qui se sont acquis déjà une juste célébrité, et dont les sentiments monarchiques et religieux ne peuvent être révoqués en doute, MM. Delamartine (sic) *et Victor Hugo, enfin qu'il suffit de nommer pour rappeler leurs titres de*

---

(1) Le vicomte Sosthène de La Rochefoucauld, aide de camp du roi, chargé du département des Beaux-Arts, se distingua surtout dans ces fonctions par les feuilles de vigne dont il affubla les marbres des musées et l'allongement qu'il fit subir aux jupons des danseuses de l'Opéra.

Son horreur du nu ne l'aurait cependant point empêché, suivant cette mauvaise langue de Viel Castel, de consoler quelque peu Zoé Talon, comtesse du Cayla, de l'amour par trop amorphe de Louis XVIII.

Ses mœurs étaient moins pures que ses arrêtés, et une revue, jouée en novembre 1830 à la Gaîté, *Napoléon en Paradis*, ne fut point sans faire allusion à la vie privée du Vicomte, à laquelle eût également, semble-t-il, convenu la feuille de vigne.

Deux petites femmes de revue, sœur Sainte-Camille et Mlle Zéphirine, « fille d'Opéra », se présentaient ensemble, chantant et dansant, à la porte du Paradis, dont elles sollicitaient l'entrée.

— Qu'est-ce que vous avez fait, leur demandait saint Pierre, pour mériter l'entrée du Paradis ?...

gloire, désirent, pour prix de leurs travaux, être décorés de la Légion d'honneur.

En me chargeant de mettre sous les yeux du Roi leurs vœux et leurs espérances, j'ai pensé qu'il entrerait dans ses vues bienveillantes de leur accorder la noble récompense qu'ils ambitionnent, et qu'ils ont si bien méritée et qu'on peut même s'étonner qu'ils n'aient pas encore reçue.

J'attends, à cet égard, les ordres de Votre Majesté.

Le roi accorda le jour même aux « deux poètes » la « noble récompense » qu'ils ambitionnaient ; cette pièce porte en manchette la mention :

Approuvé :
CHARLES (1).

SAINTE-CAMILLE

Moi,... je priais...

ZÉPHIRINE

Moi,... je dansais...

SAINTE-CAMILLE

Je consolais les malheureux et je pansais leurs blessures.

ZÉPHIRINE

Et moi, je faisais des pirouettes à leur bénéfice...

SAINT PIERRE

Des pirouettes !... Et la morale ?

ZÉPHIRINE

Nous avions des jupes longues... grâce à un grand seigneur qui avait des mœurs... (*bas*) et des maîtresses...

(1) Documents provenant des « papiers de l'Administration des Lettres et Beaux-Arts, ressortissant au Ministère de la maison de Charles X, roi de France », publiés par M. O'Kelly de Galway, dans l'*Intermédiaire des Chercheurs et Curieux* du 10 mars 1916.

Le 30 avril seulement, M. Sosthène de La Rochefoucauld avisait les deux intéressés de la faveur dont ils étaient l'objet :

M. de La Rochefoucauld
à MM. de La Martine (sic) *et Victor Hugo.*

Paris, le 30 avril 1825.

J'ai l'honneur de vous informer, Monsieur, que le Roi, prenant en considération vos travaux littéraires et les nobles efforts que vous n'avez cessé de faire pour soutenir la cause sacrée de l'autel et du Trône, vous a, par décision du 19 de ce mois, nommé Chevalier de l'Ordre royal de la Légion d'honneur.

Je m'estime heureux d'avoir à vous transmettre ce témoignage de la bienveillance particulière de Sa Majesté (1).

La date de cette lettre et celle de la décision rendue le jour même où avait été adressé au roi le rapport favorable au « désir » des deux poètes, réduit à néant la légende du commissionnaire « tout essoufflé », remettant à Victor Hugo, au moment où il allait monter dans la malle-poste pour aller voir son père à Blois, « une grande lettre cachetée de rouge... C'était un brevet de chevalier de la Légion d'honneur ».

---

(1) *Intermédiaire des Chercheurs et Curieux*, 10 mars 1916.

Victor Hugo a pris soin de fixer lui-même, au début de sa lettre au dessinateur Queyroy, la date de son arrivée à Blois : c'était le 17 avril 1825. Outre qu'on ne voit guère un *officier* de la Légion d'honneur mettre sa *rosette* à la boutonnière d'un nouveau chevalier (1), ainsi tombe donc la jolie scène complaisamment relatée dans *Victor Hugo raconté par un témoin de sa vie* :

A Blois, le général était à la descente de la voiture ; Victor Hugo, sachant le plaisir qu'il ferait à son père, lui tendit aussitôt son brevet et lui dit :

— Tiens, ceci est pour toi.

Le général, charmé, en effet, garda le brevet et, en échange, détacha de sa boutonnière son ruban rouge, qu'il mit à celle de son fils.

Le surlendemain, il reçut le nouveau chevalier avec le cérémonial d'usage (2).

Toutefois, avant la publication au *Moniteur* et la lettre ministérielle, des « fuites » s'étaient produites. Instruit de la grâce qui lui était accordée, dès le 27 avril, de Blois, Victor Hugo faisait part à J.-B. Soulié et à Alfred de Vigny de ces « faveurs *inattendues* ».

---

(1) La même ordonnance (14 février 1815) avait promu au grade d'officiers de la Légion d'honneur le général Hugo et son frère le colonel Louis-Joseph. (*Moniteur universel* du 19 février 1815).

(2) Édition Lacroix-Verboeckhoven, in-12, Paris, 1867 ; tome II, p. 83.

Trois semaines plus tard — ah ! le commissionnaire « tout essoufflé » et la « grande lettre cachetée de rouge ! » — le nouveau légionnaire n'avait pas encore, cependant, reçu son brevet — ce fameux brevet qu'il aurait remis, le 17 avril, à son père, en descendant de la diligence ! Le 12 mai, il écrivait de la Miltière (les sables du général Hugo en Sologne) à son beau-père, M. Foucher, pour lui exprimer ses craintes à ce sujet :

Le messager envoyé par mon père à Blois est de retour. Il nous rapporte l'aimable lettre de maman à son Adèle, que nous avons lue en famille, et une lettre cordiale de Victor Foucher, qui nous fait aussi beaucoup de plaisir. Nous nous attendions également à recevoir la croix de la Légion d'honneur et les papiers, etc., que vous nous avez annoncés pour le commencement de cette semaine. Notre espérance est frustrée de ce côté, et mon père désirerait que vous eussiez la bonté de passer encore une fois à la Légion pour presser cet envoi. Car ma place est retenue pour le 19 au matin, et si nous ne recevions pas tout cela au moins le 18, je courrais grand risque de ne pouvoir porter la décoration au sacre, ce qui serait inconvenant.

Combien des souvenirs dictés par Olympio à Adèle Hugo ne sauraient davantage supporter l'analyse.

Le 29 mai 1825 avait lieu à Reims le sacre de

Charles X, auquel Alfred de Vigny, l'ancien lieutenant de la garde royale, n'avait pas été convié. Victor Hugo y assista par contre : croix et brevet lui étaient sans doute parvenus à temps, et il est également à espérer que l'habit coupé par Beauchêne lui allait bien, ainsi que les « culottes, bas, souliers à boucles, épée d'acier, chapeau à galons d'acier et plumes », qui complétaient son harnais d'apparat.

Il fut le poète officiel de la cérémonie et rédigea l'*Ode sur le sacre*, laquelle ne laissa pas de lui attirer quelques nouvelles faveurs. A côté des pièces relatives à sa décoration, M. O'Kelly de Galway a exhumé des Archives nationales ce rapport, grâce auquel la direction des fêtes allait largement indemniser le chantre du comte d'Artois de ses frais de voyage :

M. le Vicomte de la Rochefoucauld, à M. le Duc de Doudeauville, directeur des fêtes.

Paris, 22 juin 1825.

Votre Excellence sait qu'à l'occasion du sacre de S. M. il a été jugé convenable de faire venir à Rheims l'un de nos poètes dont le talent reconnu, pas moins que les bons sentiments qui l'animent, pouvaient donner l'espérance que cette auguste solennité serait célébrée en vers dignes d'en transmettre la mémoire à la postérité. Le choix qui a été fait de M. Victor Hugo a pleine-

ment justifié ce qu'on était en droit d'attendre de lui, et l'Ode qu'il a fait paraître a réuni tous les suffrages. Les frais de son déplacement et de son séjour à Rheims ayant nécessité une dépense qui me paraît devoir rentrer dans la catégorie de celles relatives au sacre, j'ai l'honneur de prier Votre Excellence de vouloir bien ordonner qu'une somme de mille francs, considérée comme indemnité et prise sur le fonds de six millions, sera mise à ma disposition pour être donnée à M. Victor Hugo et lui tenir lieu de frais de voyage. Je crois devoir également vous prier, monsieur le Duc, de faire prendre au compte du roi 500 exemplaires de l'Ode de ce poète ; c'est un dédommagement auquel il a quelques droits. Et comme cette dépense sera peu importante, je ne doute pas que Votre Excellence n'acquiesce à la proposition que je viens de lui faire.

Le duc de Doudeauville ordonna, et, sans que cela eût trop traîné, l'heureux bénéficiaire de cette mesure en était ainsi avisé :

M. de La Rochefoucauld à M. Victor Hugo.

Paris, le 3 juillet 1825.

J'ai l'honneur de vous adresser, monsieur, une lettre d'avis qui vous servira à recevoir, chez le Trésorier de la liste civile, une somme de 1.000 francs, qui vous est allouée, à titre d'indemnité, pour les frais de voyage que vous avez fait à Rheims, à l'occasion du sacre du Roi, aussi je me trouve heureux d'avoir à vous transmettre ce nouveau témoignage de la bienveillance de Sa Majesté.

Quant à l'*Ode sur le sacre,* le département des beaux-arts faisait mieux que souscrire aux 500 exemplaires de rigueur. A cette dépense « peu importante » et aux caractères des ateliers Tastu qui avaient composé l'édition originale de Ladvocat, elle substituait ceux de l'Imprimerie royale et leur luxe. On pouvait lire cette note dans le *Moniteur* du 30 juin :

Nous avons annoncé que le roi avait accueilli avec bonté M. Victor Hugo, auteur d'une Ode sur le Sacre. *M. le vicomte de La Rochefoucauld, chargé du département des Beaux-Arts, vient d'informer ce jeune poète que Sa Majesté, voulant témoigner la satisfaction que lui a causée la lecture de cette ode, avait ordonné qu'elle fut réimprimée avec tout le luxe typographique par les presses de l'Imprimerie royale.*

Nul ne paraissait plus digne de ces faveurs que les fils de l'ancien officier de l'Empire. Ils affichaient un légitimisme fervent et on ne pouvait porter avec plus d'orgueil à la boutonnière cette décoration du Lys, si généreusement octroyée par le comte d'Artois, lieutenant-général des gardes nationales du royaume, à quiconque avait fait preuve de loyalisme au cours des heures difficiles que venaient de traverser les Bourbons (1).

Au grand vaincu de Waterloo, ils avaient voué la haine vigoureuse et le mépris des renégats, encore que, dans l'insulte, leur vocabulaire se montrât particulièrement indigent et manquât de fantaisie. Leur jeunesse avait le souffle court et ne savait rien ajouter aux imbécillités qui couraient les salons bien pensants et formaient le thème ordinaire des papiers publics.

A Toulouse, les concours de l'Académie des Jeux floraux — « la seconde Académie du royaume », prendra soin, plus tard, de spécifier Victor — n'avaient point de concurrents plus assidus ni plus triomphants. Aussi, ne faut-il point s'étonner de voir Eugène récolter, le 3 mai 1818, à défaut de soucis plus graves, un « souci réservé » de l'aréopage toulousain, pour son ode *La mort du duc d'Enghien* (2). L'année suivante, la Compagnie elle-même devait se montrer plus réservée et n'accorder audit Eugène

(1) Les « potaches » même, et de tous les âges, ne furent pas oubliés dans cette distribution. Voir l'étude publiée par M. Albert Despréaux dans les *Mémoires de la Société archéologique de l'Orléanais* (t. XXXV) : *La Décoration du Lys dans l'Académie d'Orléans (1814-1815)*.

(2) Publiée d'abord dans le *Recueil de l'Académie des Jeux floraux* (1818, p. I-VI), où elle figure d'ailleurs, à la table, sous le prénom de Victor, cette ode a pris place dans le tome Ier du *Conservateur littéraire*, 9e livraison, pp. 321-326. (Cf. *Intermédiaire des chercheurs et curieux*, XXXVI, 2e semestre 1897 ; col. 197, 604, 780.)

qu'une mention pour son *Ode sur la mort du prince de Condé* (1). — Était-ce donc une carrière de nécrophore qu'embrassait l'infortuné jeune homme ? (2).

Merveilleuse matière à déclamation, en vérité, cet assassinat de Vincennes qu'aucune parodie de justice n'avait même cherché à voiler, pour un adolescent cultivant en serre chaude les lis frais éclos de ses juvéniles convictions et pour lequel il n'était point de drapeaux assez blancs ni de monuments suffisamment expiatoires. Comment, ainsi que Victor, ne se serait-il pas distingué, favorisé par un tel sujet ?

L'ode sur *La mort du duc d'Enghien* a, cependant, le mérite d'être peu connue. On se borne, pour l'ordinaire, à la mentionner, sans même lui faire l'honneur

---

(1) *Recueil de l'Académie des Jeux floraux*, 1819 ; pp. XX-XXIII.

(2) Victor avait su, il est vrai, chanter avec non moins d'habileté la naissance et le baptême du duc de Bordeaux, odes heureuses, auxquelles il dut, en septembre 1822, sa première pension. Demandant en 1826 à ce qu'elle soit augmentée (lettre en partie reproduite par Edmond Biré), il rappelait au vicomte de La Rochefoucault qu'elle lui avait été accordée « sur la recommandation spéciale de S. A. R. Madame, duchesse de Berry, transmise au ministre par Mme la maréchale, duchesse de Reggio ».

Pour une fois, sa mémoire, si facilement fautive, — quand il y avait intérêt — ne le trompait pas. La lettre de la maréchale d'Oudinot (*sic*) adressée le 30 avril 1821 à M. de Lauriston, ministre de la maison du roi, n'a point été perdue et a figuré, en 1913, dans le catalogue de la vente Jules Le Petit. La maréchale signalait tout particulièrement parmi les littérateurs qui se sont fait remarquer lors de l'événement du 29 septembre, M. Victor Hugo qui « a su se faire distinguer de Mme la duchesse de Berry par des vers charmants ; cette inspiration du cœur rendue avec un talent remarquable a excité tout l'intérêt de la Princesse ». Aussi demandait-elle une pension pour le poète.

Cf. *Odes et poésies diverses*, p. 65-70.

de citer une de ses strophes. Le survivant des deux frères avait ses raisons pour ne la point reproduire, et on ne saurait s'étonner du silence que gardent à son égard la plupart des biographes de Victor Hugo, Edmond Biré lui-même, leur source principale d'informations, ayant négligé d'en fournir le texte. On le trouvera à la suite de ces notes, accompagné des différents morceaux dus à la plume du second des Hugo, qu'il nous fut loisible de recueillir.

M. Hugo a eu un frère — écrivait Auguste Barbier dans ses Souvenirs (1) — *nommé Eugène, mort jeune et fou. Il n'était pas sans valeur littéraire. Il aimait, comme son frère, le terrible et l'énorme. Je connais de lui un fragment publié dans l'*Almanach des Muses, *sous la Restauration, et intitulé :* le Duel du Précipice.

Je trouve dans les notes du comte de Pons ces mots : « Eugène avait ébauché une tragédie de Spartacus, *tragédie très romantique. Dans l'exposition, un édile faisait l'appel des gladiateurs inscrits pour les prochains jeux du cirque, et les accouplait chacun avec l'homme ou la bête féroce contre lequel il devait combattre. On appelait ainsi, au milieu de noms obscurs : l'ours dévorateur — Spartacus ! et voilà de quelle manière le héros esclave était annoncé.*

---

(1) *Souvenirs personnels et silhouettes contemporaines.* — Paris, Dentu, 1883 ; in-12, de 378 p.

« *Je ne sais si c'est du romantique ou du classique, mais c'est du sublime assurément* (1). »

Pourquoi M. Victor Hugo n'a-t-il pas, par piété fraternelle, composé un volume des tentatives de son frère et ne l'a-t-il pas donné au public ?

Un volume, c'eût été beaucoup. Si l'on ne parlait point un peu de l'homme et de son frère, car leurs deux existences étaient indissolublement liées, les essais d'Eugène formeraient une bien mince plaquette. De *Spartacus*, rien, sauf cette note de Gaspard de Pons, n'a permané, et c'est dans le *Conservateur littéraire*, et non pas dans l'*Almanach des Muses*, qu'il faut aller quérir le texte du *Duel du Précipice* (2).

En 1818, écrivait Sainte-Beuve, les deux frères obtinrent, du général Hugo, la grâce de ne pas entrer à l'école polytechnique, bien qu'ils fussent prêts par leurs études. Eugène avait gagné un prix aux jeux

---

(1) *Adieux poétiques,* tome II, p. 324, *La Démence* (en note).

(2) Tome Ier, pp. 165-167.

La notice sur Chénier, à laquelle avait donné lieu l'édition des œuvres du poète publiée par M. de Latouche (Paris, Beaudouin frères, Foulon et Cie, 1819), publiée d'abord dans le tome Ier du *Conservateur littéraire* (pp. 15-23) fut jointe, en 1840, sous la signature d'Eugène Hugo, par l'éditeur Gosselin, à l'édition qu'il publia des poésies d'André Chénier.

Au sujet de M. de Latouche, si injustement décrié de ses contemporains puis oublié des générations qui suivirent, se reporter à l'article réparateur de M. A. Chamboseau : *Un grand méconnu : Henri de Latouche (Mercure de France,* 15 février 1924, pp. 37-58).

floraux : l'émulation de Victor en fut excitée ; il concourut à son tour, tout en prenant ses inscriptions de droit, et remporta deux prix, coup sur coup, en 1819...

Aidé de ses frères et de quelques amis, il rédigeait dans ce temps un recueil périodique intitulé : Le Conservateur littéraire, *dont la collection forme trois volumes. Il y écrivit une foule de vers politiques et d'articles critiques qui n'ont jamais été reproduits, et qu'il est difficile aujourd'hui de reconnaître sous les initiales diverses et les noms empruntés dont les signait l'auteur* (1).

La plupart de ces articles ont été reproduits, postérieurement à cet article daté du 2 juillet 1831, dans *Littérature et Philosophie mêlées* et le Catalogue de la *précieuse collection de livres de l'école romantique composant la bibliothèque de M. J. Noilly* a dressé une liste des diverses initiales d'emprunt et pseudonymes, sous lesquels Victor Hugo masquait mal son activité intellectuelle.

Il se faisait, d'ailleurs, la part du lion dans ce recueil, d'où une note assez discourtoise évinça Eugène, qui, contrairement à l'opinion de Sainte-

(1) *Biographie universelle et portative des Contemporains ou Dictionnaire historique des hommes vivants...* publiée sous la direction de MM. Rabbe, Vieilh de Boisjolin et Sainte-Preuve. — Paris, 1834 ; 5 vol. in-8 ; t. V, pp. 332, 333.

Beuve, y collabora fort peu : « Il n'est pas inutile d'observer que deux de ces messieurs seulement, l'aîné et le plus jeune, comptent parmi les rédacteurs (1). » Le second était déjà jeté par-dessus bord.

Un mot encore, poursuivait Joseph Delorme, sur cette période du Conservateur littéraire, *et sur les deux frères, Eugène et Victor, qui en étaient les rédacteurs assidus... Eugène surtout (à qui nous devons bien, puisque nous l'avons nommé, ce triste et religieux souvenir), adolescent mélancolique, plus en proie à la lutte, plus obsédé et moins triomphant de la vision qui saisit toutes les âmes au seuil du génie et les penche, échevelées, à la limite du réel sur l'abîme de l'invisible, Eugène a exprimé dans le recueil cette pensée pénible, cet antagonisme désespéré, ce* duel du précipice ; *la poésie soi-disant erse qu'il a composée sous ce nom est tout un symbole de sa lugubre destinée. Les nombreux articles de critique dans lesquels il juge les ouvrages et drames nouveaux respirent une conscience profonde, et, accusent un retour pénétrant sur lui-même, un souci comme effaré de l'avenir.*

On chercherait en vain ce dernier paragraphe dont le texte est emprunté à Edmond Biré (2),

---

(1) Tome I, p. 320.

(2) Edmond Biré : *Victor Hugo après 1830.* — Paris, Perrin 1891 ; 2 vol. in-12, de 2 ff., II-296 : 2 ff., 255 pp. ; t. Ier, pp. 202-203.

dans la *Biographie universelle.* Sainte-Beuve dut communiquer les épreuves de son article à Victor Hugo ; le passage sauta probablement à la prière du Maître : Eugène, cet adolescent « doué, au dire de Victor Pavie, d'un talent prodigieux », tombé dans la démence, était devenu le frère gênant, le fléau de famille dont on ne parle pas, ou si peu, que, place Royale, « beaucoup d'amis ignoraient son existence ».

Les nombreux articles de critique d'Eugène se borneraient à une notice sur les poésies d'André Chénier, reproduite en 1840, sous sa signature, en tête de l'édition qu'en donna l'éditeur Gosselin, et cinq sur sept des articles du *Conservateur littéraire,* suivis de l'initiale E, ayant été recueillis dans *Littérature et Philosophie mêlées,* on ne saurait admettre que Victor Hugo, dont le bagage était déjà suffisamment lourd, eût ainsi pillé le rayon si léger de la pauvre abeille chassée de la ruche.

Que l'on ajoute à cette notice l'ode sur *la Mort du duc d'Enghien,* déjà publiée d'autre part, *le Duel du précipice,* traduction d'une poésie erse (1) soi-disant

(1) L'erse, langue celtique, tient de l'irlandais et du mannois (idiome de l'île de Man) et forme avec ces deux dialectes le groupe des langues gaéliques. L'erse est encore employé en Écosse, par dix pour cent de la population, son usage n'est pas tout à fait perdu en Angleterre. Les poèmes d'Ossian, écrits en langue erse, qui ont été publiés à Londres en 1807, avec leur traduction latine littérale, ne sont pas parvenus à détrôner la prétendue traduction de James Macpherson (Édimbourg, 1760), laquelle eut sur le romantisme à son début une influence considérable.

empruntée aux *Exquisitiones philosophicœ* du suédois T. Merner, et les *Stances à Thaliarque*, trop facilement confondues avec l'ode d'Horace *Vides ut alta stet nive candidum...* et où se trouve ce vers dont son frère Victor semble avoir tiré un assez bon parti :

Le présent est à toi, l'avenir est aux dieux ;

et l'on aura, semble-t-il, complète, la part de collaboration apportée par le second des trois frères au *Conservateur*.

Restent, dans le *Recueil de l'Académie des Jeux floraux*, les deux odes commémoratives, et, dans l'*Almanach des Dames pour* 1825, une nouvelle, *La dernière Assemblée des Francs-Juges (fragment)*, reproduite en 1833, sous le nouveau titre de *Trahison pour trahison*, par Abel Hugo (1), dans la troisième livraison du *Conteur*, magazine qu'il dirigeait alors.

Une *Ode sur la bataille de Denain* lui a bien été

---

(1) Joseph-Léopold-Sigisberg, comte Hugo, mourut, 7, rue Monsieur, — ayant loué un pied-à-terre dans la maison qu'habitait son fils Abel — dans la nuit du 29 au 30 janvier 1828.

Dans l'acte de décès de sa mère, Abel s'était qualifié d'« officier en non activité » : dans celui de son père, il prend le titre de comte, tandis que Victor se contente du tortil de baron : en effet, Eugène vivait encore.

Les deux actes ont été reproduits, en note, par Léon Séché, dans son *Cénacle de Joseph Delorme* (Paris, *Mercure de France*, 1912 ; 2 vol. in-12, t. I, pp. 35-36).

attribuée, mais Abel Hugo ayant été couronné, en 1822, par la Société d'émulation de Cambrai, pour ce morceau, il serait peu sage d'en accorder la paternité à son frère. On a parlé d'une ode à Murat, satire des plus violentes, où se trouverait cette apostrophe après coup prophétique au fusillé du Pizzo (14 octobre 1815) :

Mais la Calabre et ses corbeaux t'attendent ! (1)

Cette ode ne semble pas avoir existé ; ce n'est là qu'un vers inexactement reproduit de l'ode sur *La mort du duc d'Enghien.*

Cette ode sur *La mort du duc d'Enghien* ne diffère guère des *Odes et poésies diverses* que devait publier, en 1822, l'éditeur Pélicier (2). Les vers des deux frères se valent, il semble difficile de les distinguer les uns des autres. Faciles, trop faciles, ils paraissent encore coulés dans le moule depuis longtemps refroidi des pseudo-lyriques de la fin du XVIIIe siècle. Le style est très jeune, bien que laissant transparaître, par instants, leur personnalité ; les figures ont l'attristante banalité, désolante et un peu niaise, de figures déjà rencontrées au cours d'excursions

(1) *Intermédiaire des Chercheurs et Curieux*, tome XVII (1884) ; c. 597 ; XLIII (1901) ; c. 637.

(2) *Odes et poésies diverses*, par Victor-M. Hugo. — A Paris, chez Pélicier, libraire (impr. Guiraudet), 1822 ; in-18, de 4 ff. préliminaires, IV-234 pp.

ennuyeuses et fatigantes au pays des rimeurs et des assembleurs de mots, ces « idéologues » dépourvus d'idées, dont l'épopée napoléonienne n'était point parvenue à réchauffer le lyrisme. L' « enfant sublime ! » heureusement le mot est apocryphe et ne fut jamais prononcé, sans quoi on serait fort en peine de savoir lequel des deux frères aurait pu être ainsi cognominé. Même, suivant une confidence d'Abel Hugo à Philibert Audebrand, avant le départ pour l'Espagne (1811) : « Quand nous habitions les Feuillantines, le grand homme de la famille ce n'était pas Victor, mais Eugène (1). »

En prose, tout au moins, Eugène Hugo témoigne d'un romantisme non dissimulé, par le fond plus que par la forme qu'il soit sensé traduire le *Duel du Précipice* ou narrer la *Dernière Assemblée des Francs-Juges :* avec moins de saveur, il laisse prévoir Aloysius Bertrand. Mais son romantisme s'arrête là. Ses odes, comme celles de son frère, ne traduisent aucune recherche d'une technique nouvelle, la norme lui suffit ; il s'y assujettit aveuglément, et, loin de se signaler par ses audaces, il reproche les leurs à ceux qui, plus courageux, ont osé introduire quelque nouveauté dans la poétique. Sa notice sur André Chénier — attribuée d'ailleurs par le Catalogue Noilly à Victor Hugo — est singulière et ne laisse sur

(1) *Intermédiaire des Chercheurs et Curieux*, XLIII, c. 637.

ce point aucune illusion. N'osant faire grief à l'auteur de ces « essais informes », de son « style incorrect et parfois barbare », de ses « idées vagues et incohérentes », — le reproche peut sembler bizarre, émanant de ce candidat à la folie ; il les signale, cependant, déplorant que le chantre de Myrto n'ait « aucune connaissance du véritable mécanisme de la poésie française », allant jusqu'à lui reprocher sa « trivialité ».

Telles étaient les critiques que provoquaient, dans le premier numéro du *Conservateur littéraire*, les *Œuvres complètes d'André de Chénier*, que venait de publier, en cette année 1819, M. H. de Latouche, chez les frères Baudouin, et le choix des citations, destinées à contre-balancer ces critiques, n'est pas plus heureux.

S'il ne choisit pas ce qu'il y a de moins bon, aucun des chefs-d'œuvre n'est partiellement reproduit ni même nommément mentionné, des chiffres suffisent, ou plutôt ne suffisent pas. Cet adolescent de vingt ans rendant compte des poésies d'André Chénier, ne dit mot de l'*Aveugle*, de *la Jeune Tarentine* ni du *Jeune malade :*

Tu sais, tu sais, ma mère, aux bords de l'Erymanthe...

Que de vers étaient à citer, plutôt que dogmatiser ainsi. Mais Eugène, ainsi que Victor, était à cet âge heureux où l'on croit devoir se roidir dans une attitude, où la critique, apparaissant comme un sacerdoce, si enfantine soit-elle, on cherche à guinder sa pensée et sa phrase pour masquer les plus naturelles des émotions.

C'était là leur excuse. Si la mentalité des deux frères était la même, leurs deux cœurs n'offraient peut-être pas, hélas ! moins de ressemblance : émotions que l'un chantait, tandis que l'autre se serait efforcé de les cacher.

De plus compétents pourront chercher quels étaient leurs antécédents ataviques. Le père et le frère aîné morts d'une attaque d'apoplexie ; un double chagrin, la mort de sa mère suivie d'un amour malheureux, évoluant, chez le frère de Victor, vers la folie ; la propre fille de celui-ci, « entrée par la porte héréditaire et le désespoir d'amour, dans la folie précoce et durable (1) » ; son fils Charles, mort

---

(1) Léon Daudet. *Fantômes et vivants. Souvenirs des milieux littéraires, politiques, artistiques et médicaux, de* 1880 *à* 1905. — Paris, Nouvelle librairie nationale, 1914 ; in-12, p. 304.

Née le 28 juillet 1830, fille, pourrait-on dire, de la Révolution de Juillet, Adèle Hugo est morte à Suresnes, le 21 avril 1915, dans sa quatre-vingt-cinquième année. Ses obsèques furent célébrées, à Paris, le samedi 24 avril, « en l'église Saint-Sulpice, chapelle de la Vierge, à dix heures et demie, dans une intimité composée d'amis personnels de la regrettée défunte ». (*Figaro,* 25 avril 1915).

Mlle Adèle Hugo avait rédigé, de 1852 à 1856, une sorte de *diarium,* relatant les propos de table de Victor Hugo et les séances de spiritisme dont elle avait été témoin, séances narrées tout au long dans le récent et curieux ouvrage de M. Gustave Simon, *Chez Victor Hugo : Les tables tournantes de Jersey* (Paris, Conard, 1923, in-12). M. Octave Uzanne avait, en octobre 1892, réuni en une plaquette qu'imprima Darantière, des extraits

à Bordeaux, en 1871, d'une malencontreuse congestion ; un neveu quelque peu « piqué », parlant, avec un imperturbable sérieux, de la « théorie hugodécimale » tout en rêvant de muer la partie Gaston du château de Blois en *Valhalla des sciences pures et appliquées* (1), cependant que, veuve, une cousine du poète entrait au Carmel de Tulle. Le médecin ne trouvera-t-il pas là les traces d'une hérédité passablement chargée ?

Le hasard ne préside point seul à ces vésanies.

L'humble berceau des Hugo à Nancy — le grand-père charpentier — fait écarter l'idée d' « ancêtres

---

de ce journal d'exil : *Une curiosité littéraire : Excursion à travers un manuscrit inédit sur Victor Hugo. Propos de table du poète en exil* (Paris, Maison Quantin, 1892 ; in-8 de 62 pp.) L'ouvrage avait été tiré à 200 exemplaires, mais la famille de Victor Hugo s'opposa à sa mise en vente, et la totalité de l'édition fut mise au pilon, à part 10 exemplaires dont 5 que se réservèrent les descendants du poète, les 5 autres, destinés au « dépôt légal » et au publicateur. (Cf. *Intermédiaire des Chercheurs et Curieux*, septembre 1916.)

Pour le roman d'amour où sombra la raison de la survivante des deux sœurs, se reporter à l'article de Ch. Chincholle : « Mademoiselle Adèle Hugo », recueillie dans *Femmes et rois* (Paris, Marpon et Flammarion, s. d. ; in-12, pp. 29-34).

(1) Paris, en vente chez tous les libraires, 1875 ; in-8, de 28 pp. — Léopold Hugo, qui fut à l'état civil le témoin de la déclaration de décès de l'illustre défunt, dont il avait tenté de faire le portrait sur son lit de mort, « avec son grand front et ses grands yeux... ressemblait — suivant M. Léon Daudet — en doux et en timide, à son « cher oncle » trente années plus tôt ». (*Fantômes et vivants*, p. 159).

Cet effacé, un tant soit peu « timbré » avait, comme il a été dit, des prétentions scientifiques, dont témoigne, dans la chapelle du cimetière Montparnasse, cette inscription lapidaire : « A la mémoire du comte Léopold Hugo, neveu du grand poète. Ce savant distingué mourut dans la foi catholique le 19 avril 1895. — *Requiescat in pace.* »

idiots ou maniaques, dans des appartements solennels, tous victimes de terribles passions (1) ». Baudelaire lui-même, pour qui la mystification était un jeu assez familier, a fort exagéré ce jour-là : sans remonter aussi haut, la tare qu'expièrent Eugène et Adèle Hugo pourrait ne pas être difficile à trouver (2).

Cet Eugène était un blond et un doux, un effacé et un timide. Il semble avoir tenu peu de place dans la famille : ses frères le dominaient. Au *Conservateur littéraire*, que l'aîné et le plus jeune dirigeaient, il collaborait à peine. Ce n'était pas un frère, mais un cousin pauvre, qui, vivant dans le sillage de Victor, pour lequel il professait une véritable admiration,

---

(1) CHARLES BAUDELAIRE. *Œuvres posthumes et correspondances inédites précédées d'une étude biographique par Eugène Crépet.* Paris, Quantin, 1887; in-8. — *Fusées*, p. 84.

Se reporter également au « texte intégral » des *Journaux intimes*, donné, chez Crès, par Ad. Van Bever, dans la collection des « Variétés littéraires », 1919; in-12.

(2) Victor Hugo n'aurait peut-être pas échappé lui-même au terrible mal. Le bruit courut, en 1842, qu'il était enfermé dans une maison de santé.

« Il arrive un grand malheur à la France, écrivait Balzac, le 8 avril 1842, à Mme Hanska, Victor Hugo est dans une maison de santé, après avoir été atteint de trois accès de folie furieuse ». Le 17 avril, il revenait sur ce sujet, mais prenait soin d'ajouter un correctif à cette information :

« Les uns disent que Victor Hugo a été pris de trois accès de mélancolie furieuse en lisant les articles écrits en Allemagne contre le *Rhin* ; d'autres disent qu'il n'en est rien. On dit que sa fille et sa femme ont eu le courage d'aller et de venir, gaies comme à leur ordinaire, et de recevoir pendant ces jours de folie. Sans savoir encore ce qui en est, je viens de voir Hugo au spectacle, absolument comme à son ordinaire ».

Lettres à l'Étrangère. — Paris, Calmann-Lévy, 1906; in-8.

partageait ses goûts comme il avait partagé ses jeux. Victor était le général, Eugène le soldat.

En attendant de devenir l'homme-orchestre, Victor, suivant le mot d'un contemporain, avait toujours servi dans la musique : à la traversée des villages, c'est toujours aux musiciens que vont, dans le fracas et le flamboiement des cuivres, les sourires et les fleurs des jolies filles.

Aussi, quand, dans l'entour plutôt clairsemé de Mme Hugo, une vierge passa, qu'ils avaient connue enfant, les cœurs des deux coquebins peuvent très bien avoir battu à l'unisson, et il n'est point invraisemblable qu'ils soient tombés amoureux l'un et l'autre d'Adèle Foucher. Seulement, Victor, qui était dans la musique, ayant seul osé parler, fut agréé par la jeune fille. Les parents furent plus longs à donner leur consentement.

Eugène, lequel composait des odes et non des sonnets, aurait gardé son secret, et, moins fine que Marie Nodier, Adèle Foucher n'aurait point compris. Il est vrai que l' « amour éternel » de Félix Arvers était purement « littérature » : ce qui suffirait à démontrer, s'il en était besoin, l'indéniable supériorité de l'artificiel sur le réel.

Un tel secret est lourd à garder : il ronge le cœur et a tôt fait de pousser à la mélancolie un adolescent déjà trop porté, par sa timidité et ses antécédents, à rechercher la solitude. Qu'il se doutât ou non du tournant terrible auquel était arrivé son frère, à son égotisme natif Victor joignait l'égoïsme féroce des amants heureux. Si Eugène s'enfermait dans sa chambre pour cacher et étouffer ses larmes, Lui, quand ne le tenaillait pas la jalousie, dont les *Lettres à la fiancée* offrent de péremptoires exemples, se laissait aller aux rires enfantins, aux rêves couleur de printemps, aux projets vastes comme le monde d'un premier amour, flèches cruelles, flèches barbelées, qui, chaque jour, avivaient la blessure de l'amoureux transi.

La raison d'Eugène fut la plus forte, tant que leur mère, auprès de laquelle ils vivaient, fut là pour soutenir sa détresse et chasser d'un baiser ou d'une douce parole les vilains papillons, les papillons de nuit et de désespérance qui, d'un vol lourd, rôdaient autour de la flamme vacillante de son cerveau.

Et ce fut le grand déchirement, la mort de la mère, dont Eugène ne fut pas « en état » de faire part à son père (1).

A ce moment remonteraient, suivant Abel et Victor, dans le cerveau de leur frère, les premiers troubles qui devaient conduire l'orphelin à Charenton. Sa douleur avait été trop grande pour qu'il en ait

(1) Louis Barthou : *Les Amours d'un poète. Documents inédits sur Victor Hugo.* — Paris, L. Conard, 1919 (décembre 1918) : in-12, de 2 ff., VII-385 pp. : p. 10.

pu supporter le poids. Si le mariage de Victor — ce dont ils ne souffleront jamais mot — a pu provoquer la crise finale et désorbiter la pauvre cervelle déjà malade, là se bornerait son effet ; le mal existait déjà et datait de plus loin.

Encore que le général Hugo se soit empressé de profiter de la mort de sa femme pour épouser l'aventurière qui lui avait fait déserter son foyer, faisant « légaliser par devant l'officier public de Chabris (Indre), les liens purement religieux — rarement collage s'était trouvé ainsi défini — qui l'unissaient à Mme veuve d'Almé, comtesse de Salcano » (1), un rapprochement semble s'être alors produit entre le père et ses fils.

Les trois frères vivaient ensemble, de peu : la demi-solde et le produit de quelques travaux littéraires d'Abel, auxquels venait se joindre la pension irrégulièrement payée que voulait bien leur consentir le comte Hugo. Des dettes criardes les gênaient : le vieux professeur de Victor, M. de Larivière, dont les

---

(1) Marie Catherine Thomas y Saëtoni se disait veuve d'un sieur Anaclet d'Almeg — l'orthographe n'est pas celle du singulier faire-part dont nous reproduisons la teneur — qui serait décédé à la Havane. Veuve à nouveau, par suite de la mort du général Hugo, elle lui survécut trente ans et s'éteignit à Blois — où on ne la voyait guère — le 21 avril 1858. Deux de ses voisins, un cordonnier et un jardinier, furent à l'état civil les témoins de son acte mortuaire.

Sur ce second mariage du général et sur la veuve Anaclet d'Almeg, se reporter à notre *Victor Hugo à vingt ans* (Paris, *Mercure de France*, 1909 ; in-12, de 265 pp.)

honoraires n'avaient pas été réglés (1), pas plus, d'ailleurs, que ceux du médecin qui avait donné ses soins à leur mère. Frais de maladie et frais de ménage, tout leur incombait, y compris l'ardoise honteuse et que l'on ose à peine avouer chez les fournisseurs, le fruitier qui réclame et l'épicier qui s'impatiente. Le père se souciait peu de les secourir et de les aider à solder le passif d'un ménage qui, cependant, était le sien. La modeste pension qu'il servait à ses fils lui semblait déjà suffisamment lourde et il aspirait à la leur supprimer.

Heureusement, ils avaient vingt ans, l'âge des vastes espoirs, et, comme leur misère, ils les mettaient en commun. Quand il s'agissait d'écrire au Général, Eugène tenait pour l'ordinaire la plume, Abel et Victor se contentaient de contresigner.

M. Louis Belton, auquel on doit déjà de très intéressants travaux sur le séjour à Blois du général

---

(1) M. de Larivière, ancien prêtre de l'Oratoire, qui, rue Saint-Jacques, avait commencé l'instruction d'Eugène et de Victor, et, après le français, leur avait enseigné les premiers rudiments du latin et du grec. Une somme de 200 francs lui avait déjà été payée, en 1822, par les deux frères, sur ce qui lui était dû ; le restant, s'élevant à la somme de 486 fr. 80, ne lui avait pas encore été réglé en 1825. Pressé par le besoin, le pauvre homme, pour qui étaient venus l'âge et les infirmités, se décida avec peine à demander au plus glorieux de ses anciens élèves le règlement de cet arriéré. Victor Hugo lui fit remettre 200 francs qu'il destinait à l'achat d'une montre, et, pour le surplus, écrivit le 18 juillet 1825 à son père, lui faisant valoir le caractère sacré de cette dette.

Cf. *Victor Hugo à vingt ans*, pp. 179-182. — *Victor Hugo raconté par un témoin de sa vie*, t. I, pp. 51-52.

Hugo (1), est parvenu, par d'habiles recherches, à mettre la main sur une correspondance inédite datant de cette époque des trois fils avec leur père. Il a eu la gracieuseté de vouloir bien m'en communiquer le texte, après avoir donné lecture de ces lettres à la *Société des sciences et lettres* de Loir-et-Cher, succédané de la « Société littéraire » que le Général avait rêvé de fonder un siècle plus tôt : je ne saurais assez lui exprimer ma gratitude.

Elles font, ces lettres, pénétrer mieux que toute glose, dans l'intimité des trois frères ; elles révèlent leurs projets, confessent l'importance qu'a pour eux — comme pour le Général, — la question « pension », et permettent enfin de suivre, presque au jour le jour, les phases de la crise qui devait amener Eugène au Val-de-Grâce, puis à Saint-Maurice.

Interrogé par son père sur ses projets d'avenir, celui-ci lui répondait le 16 janvier 1822, par cette lettre, où l'on aurait peine à trouver trace du dérangement cérébral signalé par ses frères.

Il apparaît, dans cette missive, comme un garçon très positif, plus même qu'on le pourrait désirer. Les connaissances littéraires ne lui semblent estimables

(1) Louis Belton. *Victor Hugo et son père le général Hugo à Blois d'après les lettres de Victor Hugo conservées à la Bibliothèque de Blois et divers documents inédits.* — Blois, impr. C. Migault et Cie, 1902 ; in-8, de 81 pp.

qu'en présence de « succès positifs » et de « résultats pécuniaires ».

Singulière aberration chez cet adolescent qui passe pour intelligent et semble donner à ceux qui le connaissent de véritables espérances, il songe à embrasser la carrière la plus bourgeoise qui soit, la magistrature.

Mon cher papa..... ce que tu me demandes sur mes projets relatifs à mon avenir particulier est une chose qui m'a souvent occupé. La diversité des buts vers lesquels a été dirigée notre éducation, en nous ouvrant plusieurs voix (sic) *différentes, nous dispose à une indécision qui est encore augmentée par le spectacle de l'instabilité des événements politiques.*

Je possède assez de connaissances positives en mathématiques pour espérer de faire un chemin dans la carrière militaire, si jamais je m'y trouvais entraîné par le cours des événements.

D'un autre côté, si la paix continue, si le gouvernement représentatif s'établit, le seul moyen de parvenir pour les jeunes gens sans fortune deviendra, en France comme en Angleterre, la carrière du barreau.

Je ne te parlerai point des connaissances que je puis avoir acquises en littérature. Je n'ignore pas que les connaissances littéraires ne sont estimables que comme moyens, et que ces moyens encore ne sont dignes d'une attention sérieuse que lorsqu'ils ont justifié leur futilité apparente par des succès positifs et des résultats pécuniaires.

Quelques mois après notre sortie du Collège, maman tomba malade (1), *moi aussi, je l'ai été assez longtemps. Voilà ce qui m'a empêché de faire quelque essai de mes forces.*

J'aurais dû maintenant me livrer avec ardeur à l'étude de la jurisprudence, mais voilà la loi du maréchal Gouvion St Cyr qui menace de me lancer dans une carrière tout opposée (2).

---

(1) Joseph-Léopold-Sigisbert Hugo, alors capitaine, avait épousé à Paris, à la fin de 1797, Mlle Sophie-Françoise Trébuchet, fille d'un capitaine au long cours de Nantes, où il l'avait connue quand il y était en garnison comme adjudant-major au bataillon de l' « Union » : période d'enthousiasme durant laquelle le futur lieutenant-général de la Restauration avait substitué à ses prénoms celui, plus révolutionnaire et que ne prévoyait pas le calendrier, de Brutus.

Tombée malade au commencement du printemps de 1821, Mme Hugo, à qui la vie n'avait pas été clémente, après une fausse convalescence, reprenait le lit à la fin de mai, pour mourir, 10, rue de Mézières, le 27 juin, entourée de ses enfants en larmes. Galanterie involontaire, son acte de décès la rajeunissait de deux ans : elle était née à Nantes, le 19 juin 1772.

Le Général, qui n'assista même pas aux obsèques de la mère de ses enfants, n'attendit pas trois mois pour régulariser sa situation avec la veuve d'Almeg, qu'il épousait le 6 septembre 1821, devant l'officier de l'état civil de la commune de Chabris (Indre).

En dehors des ouvrages déjà cités, Cf. Dr G. PATRIGEON : *Le père de Victor Hugo* (*général Joseph-Leopold-Sigisbert Hugo*), *à propos de son deuxième mariage à Chabris, en septembre 1821.* — Châteauroux, impr. Mellottée, 1902 ; in-8, de 21 pp.

(2) La loi sur le recrutement, adoptée après une discussion passionnée, par la Chambre des députés, le 5 février 1818 et par la Chambre des pairs, le 9 mars suivant. La France depuis le licenciement des « brigands de la Loire », n'avait plus d'armée. Le projet du maréchal Gouvion Saint-Cyr, qui le défendit courageusement et habilement dans les

J'aurais dû tirer à la conscription l'année dernière, mais comme maman était mourante, je n'y ai pas songé, et je me trouve avoir à recommencer cette année.

Il me semble, mon cher papa, que dans de telles occurrences, le parti le plus sage serait d'attendre. Si je tombe au sort, et que l'état politique de l'Europe soit à la guerre, je suivrai la carrière militaire ; si tout est tranquille, je m'occuperai des moyens de me libérer, et de revenir à l'étude du barreau, seul et unique objet de mes vues, si la stabilité du gouvernement nous montre enfin que la carrière des révolutions est terminée.

Il serait en effet insensé de m'acharner à des études de convention si une période telle que celle qui a eu lieu depuis 30 ans doit recommencer ; ou bien de m'occuper d'études militaires ou géodésiques si la guerre ne devient plus comme autrefois qu'un moyen de se débarrasser du superflu de la population.

Il y a bien aussi une autre carrière, celle des bureaux, mais elle est si lente, si précaire, que je lui préférerais la carrière militaire, à commencer par le dernier grade (1).

Il me semble donc que, pour le moment actuel, la conduite à tenir est celle-ci :

---

deux Assemblées, lui en constituait une. Le nom du maréchal est resté inséparable de la loi qui instituait le recrutement en France et réglait, égales pour tous, les conditions de l'avancement.

(1) L'acte de décès d'Eugène, à Saint-Maurice, reproduit par M. Edmond Biré, porte cependant la mention d' « ancien commis au ministère de la guerre ». Peut-être une complaisance de M. Foucher lui avait-elle obtenu ce titre, en vue de faciliter son admission au Val-de-Grâce.

travailler pour le moment à ramasser quelque argent devant moi par tous les moyens quelconques honorables, tels que prix académiques, articles de journaux, etc., etc., vivre avec économie afin de payer nos légères dettes et attendre le tirage de cette année.

Si je tombe au sort, attendre six mois, un an, que j'aie acquis de quoi me faire libérer, puis revenir à mes études de droit, passer mes examens, traverser le stage, arriver à la magistrature par la carrière du barreau, et ainsi de suite.

Durant ce temps, ne négliger aucun moyen d'étendre mes connaissances sur quelque matière que ce soit afin d'être prêt à tous les événements, ne considérer la littérature qu'en ce qu'elle offre de résultats pécuniaires, et avoir toujours les yeux fixés sur le moment où je cesserai d'être à ta charge.

Je pense que ce moment viendra dans cinq ou six mois ; il viendrait plutôt (sic) *si nous n'avions plus M. de Larivière, l'épicier Druyer et le médecin de maman à payer. Nous sommes jeunes, nous avons été pris à l'improviste, ces dettes sont déjà vieilles et ne sauraient être payées à un terme trop rapproché. Voilà ce qui nous a mis dans le cas de n'avoir d'autre argent pour les payer que celui que tu nous envoies* (1).

Une coalition des partis extrêmes de la Chambre

---

(1) *Inédit.* — Communiqué par M. Louis Belton, ainsi que tous les documents portant cette mention.

ayant renversé, le 11 décembre 1821, le ministère du duc de Richelieu, M. de Serre (1) qui y tenait le portefeuille de la justice, dont il avait déjà été le titulaire sous les deux ministères précédents, se vit nommer à l'ambassade de Naples, vacante par suite de la démission de M. de Narbonne Pelet, en même temps qu'il était appelé au Conseil privé.

Le général Hugo possédait des relations qui pouvaient le servir auprès du nouvel ambassadeur et songea de suite à les utiliser pour faire attacher son fils Eugène à sa personne. L'idée pouvait paraître singulière de lancer dans la diplomatie un adolescent de 22 ans ne possédant ni nom, ni fortune, ni diplôme d'aucune sorte : mais si son projet réussissait, le père pouvait espérer n'avoir pas à continuer au second de ses fils la pension qu'il lui payait si irrégulièrement ; à ses yeux, cela primait tout sans doute.

Il écrivit donc dans ce sens à Abel, et ce fut Eugène qui, le 18 janvier, lui répondit par cette lettre des plus sensées, le remerciant de la pensée qu'il avait eue, mais faisant valoir les meilleures raisons du monde pour ne pas accompagner M. de Serre à Naples, en admettant, ce qui était douteux, que la chose ait pu se faire.

---

(1) Pierre-François-Hercule, comte de Serre, né à Pagny-sur-Moselle, en 1776, mort à Castellamare (province de Naples), dans la nuit du 20 au 21 juillet 1824.

Mon cher papa, je réponds à ta lettre adressée à Abel, par laquelle tu me proposes de me faire attacher à l'ambassade de Naples de Mr de Serre.

Ce serait assurément une chose très agréable pour un jeune homme que de quitter Paris et de visiter ainsi l'Italie à la suite d'un ambassadeur.

D'ailleurs, ces places sont très honorables, elles donnent un rang dans le monde, et elles ouvrent la route à toutes les places administratives et diplomatiques.

Cependant, mon cher papa, je n'ai point fait encore usage de ta lettre à Mr de Wendel.

Je ne te parlerai pas des informations prises par Abel auprès des chefs de division du ministère de la Justice, très amis de M. de Serre, desquelles il résulte que cela serait à peu près impossible, à cause du grand nombre de parens qu'a Mr de Serre, et qu'il désire emmener avec lui, et aussi à cause de toutes les personnes attachées à sa fortune, qui tombent avec lui, et qui n'ont plus leurs Invalides que dans les places de son ambassade.

Je ne te parlerai pas non plus des difficultés que j'éprouverais pour partir pour l'étranger, n'ayant pas satisfait à la conscription, en sorte que je ne pourrais obtenir de passeport qu'en déposant préalablement 1.200 francs comme garantie d'un remplaçant.

Je te parlerai encore moins des dettes que nous avons, savoir : 300 francs à M. de Larivière, à qui nous avons déjà payé 200; 250 à M. Druyer, et 300 à Mr Miras, dettes sacrées, à courte échéance, et que nous devons payer avant de quitter Paris.

Quand il serait possible que ton crédit auprès de Mr de Serre levât toutes les difficultés d'admission, et que, par des moyens quelconques, nous parvenions à lever les difficultés pécuniaires.

Je ne pense pas encore, mon cher papa, qu'il nous fût possible d'accéder à ta proposition, par les raisons que je vais t'exposer.

Il serait imprudent, à notre âge, de nous expatrier, lorsque les principales ressources que nous pouvons avoir consistent dans la connaissance que nous pouvons avoir de notre langue.

Partir pour Naples, ce serait rompre avec tous nos protecteurs, toutes nos connaissances, tout ce qui peut nous servir pour parvenir dans les procès, la magistrature ou la carrière du théâtre.

Enfin, mon cher papa, et cette raison est la plus forte, les souvenirs qui nous attachent à Paris sont trop récents et trop forts pour que de longtemps nous puissions vivre ailleurs qu'ici, et nous aimerions mieux vivre misérables à Paris que riches et considérés ailleurs.

Je sens, mon cher papa, qu'il doit t'être pénible de payer ainsi une pension pour nous, *et de ne pas savoir à quel but nos études peuvent nous conduire. Je te l'ai dit dans ma dernière lettre, nous vivons avec beaucoup d'économie, et tous nos efforts auront toujours pour but le moment où nous cesserons d'être à ta charge.*

Je t'ai marqué dans ma dernière lettre le moment où je puis croire que cette époque arrivera pour moi.

et cette époque serait arrivée plutôt (sic), *mon cher papa, si, comme je te l'ai dit, nous n'étions pas pressés par la courte échéance de quelques dettes sacrées et déjà anciennes.*

Cela ne m'empêchera pas, mon cher papa, de te remercier comme je le dois, des soins que tu prends pour nous, et d'être reconnaissant de ta proposition comme si elle avait réussi et comme si elle avait pu combler tous mes vœux (1).

Le Général prit son parti et, quoi qu'il lui en coutât, s'engagea à continuer sa pension à Eugène durant dix-huit mois encore, ce dont celui-ci le remercia le 12 février. Puis, après une lettre malheureuse, dont le texte ne nous est pas parvenu, la correspondance cessa entre le père et le fils. Ce seront désormais Abel et Victor qui donneront au Général des nouvelles de leur frère, plaidant en sa faveur les circonstances atténuantes, que lui doit mériter sa santé.

Son état n'a point tardé en effet à empirer. L'exquise femme que fut Mme Hugo n'était plus là pour poser sur sa plaie le dictame lénifiant de son

(1) *Inédit.*

affection. Renfermé en lui-même, il souffrait dans son amour et dans son amour-propre. Fiancés depuis de longs mois, Victor et Adèle appareillaient, beaux navires en partance, pour le merveilleux voyage, dont ils devaient revenir, dix ans plus tard, déçus et fatigués, rapportant de ce périple, à côté du contentement de lui-même, énorme et jamais satisfait, du poète, les déceptions de la femme, désabusée par des trahisons répétées et endolorie par de multiples maternités.

Les chères mains qui furent miennes...

Victor, au cours de ses amours quasi ancillaires avec Juliette Drouet, semble avoir échappé au remords de Verlaine. Pas une phrase, pas un mot n'implore « le geste qui pardonne » ; et, déjà, il broyait le cœur de son frère, comme il devait broyer le cœur de sa femme.

Orphelin, le pauvre Eugène semblait l'être aussi bien de père que de mère. Si lointain et si bizarre, le Général ! On songe un peu à Gaspard Hauser :

Je suis venu, calme orphelin,
Riche de mes seuls yeux tranquilles,
Vers les hommes des grandes villes :
Ils ne m'ont pas trouvé malin.
A vingt ans un trouble nouveau,
Sous le nom d'amoureuses flammes

M'a fait trouver belles les femmes :
Elles ne m'ont pas trouvé beau... (1)

Beau, il l'était cependant. Quinze ans plus tard, malgré sa longue incarcération, il l'aurait été encore, au dire du comédien Laferrière : mais Victor paraissait encore bien plus beau à sa fiancée. L'homme qu'aime une femme, en l'éclosion de ses dix-huit ans, ne lui semble-t-il pas réunir en lui tous les dons du corps et de l'esprit... en tant que ce dernier compte en ces matières.

Eugène ne sentit vraisemblablement point passer sur lui — pour reprendre une expression de Beaudelaire — « le vent de l'imbécillité ». Le sens du dédoublement lui manquait ; si jamais il vint, ce ne fut que plus tard. Mais son malaise s'exacerba, et, tandis que croissait son goût pour la solitude, ses bizarreries redoublèrent.

Il semblait vouloir échapper à lui-même et à son entourage.

En avril 1822, c'est une première fugue, que révèle une lettre de Victor, contresignée par Abel, et qu'a reproduite M. Louis Barthou dans ses *Amours d'un poète :*

---

(1) Paul Verlaine : *Sagesse*. — Paris, Société générale de librairie catholique, 1881 ; in-8.

Mon cher Papa,

Depuis hier nous sommes dans la désolation. Il y a bien longtemps qu'Eugène était tout à fait changé pour nous. Son caractère sombre, ses habitudes singulières, ses idées bizarres avaient mêlé de cruelles inquiétudes aux dernières douleurs de notre mère bien-aimée. Si nous n'avions mené une vie aussi paisible et aussi simple, on eût pu croire que quelque chose de violent se passait en lui. Depuis la perte de notre pauvre mère, il avait cessé de témoigner à ses frères et à ses amis aucune affection. Avant-hier, enfin, il a disparu, nous laissant un billet froid et laconique où il nous annonce que des événements imprévus l'obligent à partir à l'instant même et où il fait pressentir qu'un jour il reviendra. Nous nous perdons en conjectures et en recherches ; depuis longtemps nous remarquions qu'il sortait à des heures extraordinaires, nous empruntait notre argent, souvent en revenant demander plusieurs fois dans la même journée ; qu'il écrivait des lettres cachées pour ses frères, qui n'avaient point de secret pour lui. Pourquoi faut-il que ce dernier acte de folie nous force à te révéler ce que nous aurions voulu te laisser toujours ignorer, afin de t'épargner au moins celle-là d'entre les souffrances de notre mère ? Mais après avoir attendu son retour vingt-quatre heures, il est de notre devoir de t'informer de cette disparition déplorable. Nous t'en supplions, mon cher papa, songe que ce pauvre Eugène est encore plus à plaindre que nous ; quelques mots de son billet nous font craindre qu'il ne t'écrive une lettre qui serait marquée au coin de la plus inexplicable ingratitude si elle n'était dictée par la démence. Rappelle-toi, mon cher papa, toute la tendresse du père, toute ton indulgence d'ami ; Eugène a un excellent cœur, mais la position incompréhensible où il paraît placé le force à chercher des prétextes bons ou mauvais pour colorer sa conduite. Peut-être ton fils, qui semble avoir été entraîné par des liaisons funestes, sortira-t-il pur et honorable de l'abîme où nous le croyons tombé. Mais alors pourquoi ne nous avoir laissé en partant aucune trace d'affection ?

Suspendons notre jugement, mon cher papa ; Eugène a un bon cœur ; il reconnaîtra sa faute ; en attendant, plaignons-le et plains-nous comme nous te plaignons. En attendant ta réponse, nous t'embrassons tendrement. Peut-être va-t-il revenir, et nos bras, comme les tiens, lui seront ouverts.

Tes fils désolés et respectueux,

VICTOR, A. HUGO (1).

Victor aurait pu attendre davantage avant de mettre son père au courant de cette situation, plus que toute autre délicate. Puisque « fugue » il y avait,

---

(1) LOUIS BARTHOU : *Op. cit.*, pp. 11-13.

mieux eût valu laisser à Eugène le temps de se ressaisir et de venir reprendre sa place au foyer fraternel.

Pour expliquer cet acte de désespoir, M. Louis Barthou a eu recours à un rapprochement de dates. A regarder d'un peu près, il ne paraît pas très concluant : le consentement du général au mariage de Victor aurait « été envoyé un mois avant, le 22 mai 1822, et je ne peux me défendre, écrivait l'éminent académicien, d'un rapprochement entre cette décision, d'où le mariage devait irrévocablement sortir, et la crise de désespoir que la fuite d'Eugène avait révélée ».

Sans doute, mais la lettre de Victor, contresignée par Abel, annonçant cette fugue, est du 9 avril — M. Louis Barthou lui-même en précise la date ; puis pour que la décision devînt irrévocable, il eût fallu qu'à la demande du Général fût venu se joindre le consentement du père d'Adèle, et Victor remit seulement à M. Foucher, dans les premiers jours de septembre 1822 (lettre de Victor du 13 septembre) (1), la demande que le Général lui avait adressée dans le courant de juillet (lettre du 26 juillet).

Les dates concordent donc peu. Mais cela n'im-

---

(1) Bibliothèque de Blois : Lettres autographes de Victor Hugo à son père. — Elles ont été intégralement reproduites dans mon *Victor Hugo à vingt ans*.

porte guère : le fait est là dans sa brutalité, et si l'on admet l'amour d'Eugène pour Adèle Foucher, lequel semble probable, la relation de cause à effet ne saurait faire de doute.

A mesure qu'approche la date du mariage, la santé du pauvre garçon périclite de plus en plus. Le 12 septembre, tout en excusant son frère auprès du père, Abel lui donne ces nouvelles, qui, déjà, ne laissent pas d'être inquiétantes :

Sans doute Eugène a eu vis-à-vis de toi des torts très graves et qui ont pu t'offenser, mais je puis t'affirmer, moi qui vis avec lui, et qui ai appris à le connaître, qu'aucun de tes enfants ne te porte plus d'amour et de respect, et tu peux croire aux sentiments de Victor et aux miens. Ce n'est point dans l'indifférence ou dans la colère qu'il faut chercher la cause de son silence envers toi. Je dois te dire, et je te le dis avec peine, mais en remplissant ce que je crois un devoir, comme l'aîné de tes enfants, depuis la mort de notre mère chérie, Eugène n'est plus le même, une douleur profonde et invincible s'est concentrée en lui, il est devenu morose et d'un commerce difficile, aucun de nous n'est exempt de ses chagrines réflexions, et dans quelques momens sa conduite et ses discours semblent annoncer un dérangement dans ses qualités intellectuelles ordinairement si nobles et si élevées. Le malheur l'a vaincu, il se laisse aller trop facilement aux découragemens de la vie. Il faut lui pardonner et attendre du temps avec patience, le remède à la douleur qui l'a égaré un instant. Alors, j'en suis assuré, tu recevras de lui la preuve des sentiments qu'il t'a toujours portés, de son amour, de son respect (1).

A la veille de son mariage, Victor adresse ce nouvel appel à la générosité paternelle en faveur de ses frères ; mais, en ce qui touche Eugène, qui ne paraît pas s'être beaucoup «refroidi», la phrase reste embarrassée. Les nouvelles ne sont pas bonnes, mais vagues :

Je te supplie encore, bon et cher papa, de faire tout ton possible pour continuer à mes frères Abel et Eugène leur pension, n'oublie pas qu'Eugène était un peu fou quand il t'a écrit, et donne-lui, si tu le peux, cette nouvelle preuve de tendresse généreuse et paternelle. (*18 septembre 1822*) (2).

Pourtant, la fin du calvaire, dont Eugène gravissait un à un tous les degrés, approchait. Le 12 octobre 1822, Victor Hugo épousait à Saint-Sulpice Adèle Foucher. Ses témoins étaient Jean-Baptiste Biscarrat, son ancien maître d'étude à la

(1) *Inédit.*

(2) Toutes les lettres dont la provenance n'est pas indiquée sont empruntées à la collection manuscrite conservée à la Bibliothèque de Blois.

pension Cordier, et Alfred-Victor, comte de Vigny, son ami. Témoins compromettants : l'un n'était pas assez et l'autre était trop. Olympio devait leur substituer plus tard, dans son autobiographie, M. Ancelot et Alexandre Soumet. Ce sont là les coups de gomme auxquels on reconnaît un dessin consciencieux.

Comment le malheureux Eugène eût-il pu, ce jour-là, ne pas devenir tout à fait fou? La cérémonie nuptiale à la mairie, puis à l'église ; le défilé et les congratulations des parents, des amis et des indifférents ; le sourire mauvais des femmes qui font des compliments de leurs toilettes à leurs amies qu'elles jugent mal « fagotées » ; puis, interminable, dans la salle du conseil de guerre de la rue du Cherche-Midi transformée en salle à manger, le repas de noce, témoignant du parfait commis-voyageur que cache tout participant à ces sortes d'agapes.

Eugène a enduré tout cela. Impavide, il a supporté sans broncher la mairie, l'église, la sacristie. Mais, maintenant, il est à bout de forces. Ivre de larmes à grand'peine réprimées, il ne peut détacher ses yeux de la joie triomphante de Victor et d'Adèle ; son âme éclate et, tandis que les amoureux s'embarquent pour Cythère, sa raison s'enfuit, affolée, à la recherche de l'inconnu, « n'importe où ! n'importe où ! pourvu que ce soit hors du monde ».

Interloqués, ses voisins écoutent des phrases dépourvues de sens et de suite : il divague. Tendus trop longtemps, les nerfs n'ont pu résister à l'effort qu'il leur demandait ; le cerveau a cédé sous les mâchoires de l'étau qui l'enserraient depuis des heures. Cette fois, il est fou pour de bon, irrémissiblement fou.

Biscarrat, l'ami des bons et des mauvais jours, a prévenu Abel. Aussi discrètement que possible, ils emmènent le dément et, quittant l'hôtel Toulouse, où crépitent des rires, le conduisent à sa chambre et l'y enferment.

Le lendemain, on l'y retrouvait, tous les flambeaux allumés, poussant des cris inarticulés et tailladant à coups de hache les meubles qui la garnissaient.

Victor, dans son autobiographie, s'est montré, comme on peut le croire, sobre de détails sur la folie de son frère, se bornant à la mentionner, et n'a eu garde d'en indiquer la cause. La vérité — ou légende — à laquelle Philibert Audebrand s'est contenté de faire allusion (1), ne tarda point, pourtant, à percer, et tous ne se crurent pas tenus à la même réserve.

Je m'en suis revenu, écrivait dans son journal Evariste Boulay-Paty, *avec Soulié, qui est venu passer une heure chez moi. Il m'a dit qu'Eugène Hugo avait tellement aimé Mme Victor Hugo que, deux ou trois jours après le mariage de son frère, il était devenu fou. C'était un jeune homme qui annonçait le plus beau*

(1) *Intermédiaire des Chercheurs et Curieux*, XLIII, c. 637.

talent. Fou par sève de chasteté ! ô Charenton (1) !

Un des amis de Victor, son ancien collaborateur au *Conservateur littéraire* et à la *Muse française*, le comte Gaspard de Pons, s'adressant « à ce qui fut Eugène », a, dans ses *Adieux poétiques* (2), soulevé un coin du voile :

---

(1) Publié par le Dr Dominique Caillé, dans les *Annales de la Société académique de Nantes*.

Dans un fragment, reproduit par le Dr Cabanès, dans l'*Intermédiaire des Chercheurs et Curieux*, d'avril 1921, des mémoires demeurés inédits de M. Victor Foucher, le beau-père de Victor Hugo, ne souffle pas mot, bien entendu, de l' « incident » ; par contre, il ne laisse pas de marquer quelque inquiétude touchant l'avenir, non du ménage, mais du poète, et ce passage mérite d'être cité. Mieux que tout commentaire, il montre à quel point, à la veille de sa liaison avec Juliette Drouet, Victor Hugo savait encore jouer la comédie de la religion :

« Il y a neuf ou dix ans de cela ; Adèle est mère de quatre enfants charmants. Victor Hugo, dans un état de fortune rassurant, est une des grandes célébrités du siècle, *pourtant je ne suis pas tranquille*. Sa gloire importune bien du monde, il a contre lui les académiciens et toute une école littéraire. Ses ennemis sont parvenus à le commettre même avec le gouvernement ; ils ne reculeront devant aucun moyen, ils veulent le perdre dans le public et jusque parmi les amis...

« L'hypocrisie de ces hommes me fait peur autant que leur crédit ; il faudra toute la force, tout le sang-froid de Victor Hugo pour qu'il ne succombe pas dans cette lutte, puissent les chances du combat le bien convaincre que le plus beau triomphe pour lui serait celui qui le rattacherait à l'empire des *sentiments religieux*, il sait si bien les exprimer... »

Le pauvre homme : il en était encore, semble-t-il, à la « Société des bonnes lettres ». Les sentiments religieux de Victor Hugo n'allaient point tarder à aboutir au panthéisme grandiloque et encombrant qui lui permettra de croire en Dieu et de repousser les prêtres de toutes les religions. Son orgueil et son ambition feront le reste : le principal ennemi de Victor Hugo, ce fut lui-même.

(2) *Adieux poétiques*, par le comte Gaspard de Pons. — Paris, Librairie nouvelle, 1860 ; 3 vol. in-12.

Cf. Edmond Biré : *Victor Hugo avant 1830*. — Nouvelle édition. — Paris, Perrin, 1895 ; in-12, de 533 pp. ; pp. 273-274.

Peut-être dédaigné par l'Amour et la Muse,
Un désespoir jaloux s'alluma dans ton cœur ;
Tu haïs malgré toi ton rival, ton vainqueur...
La mort de la pensée au plus affreux destin
A seule, hélas ! pu te soustraire :
Tu cessas bien à temps d'être toi, d'être frère,
Le premier frère fut Caïn.
Oui, certe, et dans ce mot ne vois pas un outrage ;
L'outrage serait lâche autant que solennel.
Ton cœur fut assez chaud pour qu'un moment d'orage
En toi pût allumer un foudre criminel...

Edmond Biré a eu la chance de mettre la main sur un exemplaire de ce recueil devenu introuvable, grâce auquel le mystère s'éclaircissait, ce qui a permis au Dr Patrigeon de noter ainsi, au cours de son étude sur le second mariage du général Hugo, la folie d'Eugène :

« Cependant un événement douloureux et imprévu avait mis, vers la fin de 1821, le général Hugo en présence de ses fils. Eugène, qui, dit-on, aimait éperdument Adèle Foucher, était devenu subitement fou, le jour du mariage de son frère (1). »

C'est là une erreur d'un an, elle saute suffisamment aux yeux pour avoir peu d'importance.

Plus de deux mois, on avait caché au père le triste accident (une rechute plutôt) expectant un mieux qui

(1) Dr G. Patrigeon : *Op. cit.*, p. 15.

ne se produisit point. Le 20 décembre enfin, Victor se décidait à prévenir le Général, et à faire appel à sa bourse, muet comme il le fut toujours sur les causes de la catastrophe :

Mon cher papa,

C'est auprès du lit d'Eugène malade et dangereusement malade que je t'écris. Le déplorable état de sa raison dont je t'avais si souvent entretenu empirait depuis plusieurs mois d'une manière qui nous alarmait tous profondément, sans que nous pussions y porter sérieusement remède, parce qu'ayant conservé le libre exercice de sa volonté, il se refusait obstinément à tous les secours et à tous les soins. Son amour pour la solitude poussé à un excès effrayant a hâté une crise qui sera peut-être salutaire, du moins il faut l'espérer, mais qui n'en est pas moins extrêmement grave et le laissera pour longtemps dans une position bien délicate. Abel et M. Foucher t'écriront plus de détails sur ce désolant sujet. Pour le moment, je me hâte de te prier de vouloir bien nous envoyer de l'argent, tu comprendras aisément dans quelle gêne ce fatal événement m'a surpris. Abel est également pris au dépourvu et nous nous adressons à toi comme à un père que ses fils ont toujours trouvé dans leurs peines et pour qui les malheurs de ses enfants sont les premiers malheurs.

Du moins, dans cette cruelle position, avons-nous

été heureux dans le hasard qui nous a fait prendre pour médecin une de tes anciennes connaissances, le docteur Fleury.

Adieu, bon et cher papa, j'ai le cœur navré de la triste nouvelle que je t'apporte. Notre malade a passé une assez bonne nuit, il se trouve mieux ce matin, seulement son esprit, qui est tout à fait délirant depuis avant-hier, est en ce moment très égaré. On l'a saigné hier, on lui a donné de l'émétique ce matin, et je suis auprès de lui en garde-malade. Adieu, adieu, la poste va partir, et je n'ai que le temps de t'embrasser en te promettant de plus longues lettres d'Abel et de M. Foucher.

Ton fils tendre et respectueux,

VICTOR.

Ce 20 décembre 1822.

La lettre d'Abel, datée du même jour, est, en effet, plus explicite et ne laisse aucun doute sur la détresse dans laquelle se trouve celui-ci, après avoir subvenu, depuis plus de deux mois, aux frais que nécessitait l'état de son frère.

Mon cher papa, c'est auprès du lit d'Eugène malade que je t'écris. J'aurais voulu, en te souhaitant pour l'année qui va commencer tout le bonheur qu'un fils peut désirer pour son père, n'avoir que d'heureuses nouvelles à t'annoncer, mais ce que je craignais est arrivé. Je te disais dans ma dernière lettre que sa tête, fatiguée par les violents chagrins que nous avons essuyés depuis deux ans, cédoit quelquefois à des accès d'une misanthropie noire effrayante pour sa raison; aujourd'hui une grande crise s'est opérée, ce ne sont plus quelques accès passagers, c'est une suite de commotions cérébrales, c'est une vive affliction qu'il éprouve, la raison succombe par instants, et le délire de la fièvre ne le quitte pas. Nous en sommes réduits à espérer qu'une fièvre cérébrale l'agite, plutôt que de croire à un commencement d'aliénation mentale. Mr Fleury, que tu connais, lui donne des visites, et son état demande de grands ménagements et des soins assidus : Je lui donne et lui fais donner tous ceux qui sont en mon pouvoir. Malheureusement, sans demi-solde depuis cinq mois, privé depuis longtemps de la place que j'avais à l'Etoile et chargé déjà depuis quatre mois du soin de pourvoir à ses besoins, les moyens que j'avais sont épuisés. Je vis, et il vit avec moi du produit incertain et parce que journalier de mes travaux littéraires. Tu as témoigné à Victor l'intention où tu étais de nous faire à tous les deux une pension à partir du 1er janvier ; cette pension, nous l'attendons avec impatience, mais si tu veux qu'elle soit profitable à ceux à qui elle est destinée, il faut accélérer l'instant de ta détermination, et m'envoyer l'argent nécessaire à soigner mon frère. Je n'insiste pas sur cette demande, je sais qu'il suffira de te faire connaître un besoin aussi sacré pour que tu fasses aussitôt cesser notre misérable embarras.

Après deux jours de crises épouvantables, Eugène est plus calme ; il sommeille en ce moment. Dans son délire, il a parlé de toi ; et avec une tendresse qui, si tu l'avais entendu, t'auraient (sic) *convaincu que ses lettres qui t'ont blessé étaient, comme je te l'ai marqué, le fruit d'une imagination dérangée. Je ne doute pas que, s'il est conservé à notre amitié, son caractère ne soit entièrement adouci. Tu verras alors qu'il ne t'aime pas moins que tes autres enfants.*

Quant à moi, malgré mon silence prolongé, ne pense pas que mon amour pour toi ait éprouvé quelque affaiblissement, mais accablé souvent de travaux pressés, il ne me reste pas le loisir de t'écrire, alors que j'ai celui de t'aimer.

Pardonne à ce griffonnage. J'aurai soin de te donner souvent des nouvelles d'Eugène, qui vient de m'embrasser pour toi. Je joins mes embrassemens aux siens, et je suis avec respect, dévouement et amour

Ton fils,

A. HUGO (1).

Pour nous qui connaissons — ou croyons connaître — la vérité, voici qui est plus émouvant. Non

(1) *Inédit.*

plus Abel ni Victor, mais l'héroïne même de ce drame intime, Adèle Foucher, devenue Mme Adèle Hugo, donne le surlendemain (22 décembre) des nouvelles du dément à son père. Se doute-t-elle du terrible secret, si ce secret a existé ? La négative serait difficile à admettre : ce sont des choses dont une femme se doute toujours ; si éprise qu'elle fût de son Victor, Adèle était trop intelligente pour ne point s'être aperçue de quelque chose, puis, il serait étonnant que, n'ayant plus sa tête, Eugène n'eût point laissé échapper, au cours d'une de ses crises, l'aveu de son mal.

Mon cher papa,

C'est dans toute la douleur de notre cœur que je vous écris. Mon mari est en ce moment près du lit de son pauvre frère qui est dans un état très inquiétant, tellement inquiétant que son médecin, qui est pourtant un homme habitué à traiter de semblables maladies, ne veut rien prendre sur lui seul pour le soigner et veut une consultation. Papa (1), *d'après le consentement*

---

(1) Ancien greffier au conseil de guerre, M. Pierre Foucher, le père d'Adèle (mort le 26 mai 1845), avait conservé son appartement dans l'ancien hôtel de la comtesse de Verrue, la « Dame de Volupté », successivement devenu, par la suite, hôtel de Toulouse, puis siège des conseils de guerre de la Seine. Actuellement chef de bureau au ministère de la guerre, M. Foucher possédait d'assez puissantes

de ces messieurs, vient d'écrire au docteur Pariset (1), *dont le nom vous est sans doute connu, et qui est médecin en chef de* Bicêtre.

Depuis que mon Victor vous a écrit, il y a eu un jour, et surtout une nuit très calme, mais ce calme n'était que le prélude d'une crise très violente qui a duré hier quelques heures, et qui a repris tellement fort cette nuit qu'il fallait deux hommes et de plus la femme qui le garde, pour le contenir un peu, et c'est alors que ce matin, à 6 heures, que le médecin a décidé qu'il fallait une consultation.

Ses frères, le mien, son cousin Trébuchet (2) *et un*

---

relations que Victor Hugo n'était pas sans utiliser, quand il y avait lieu.

La plus jeune fille de M. Foucher, Julie, devait épouser le graveur Paul Chenay, lequel, dans son volume de souvenirs, *Victor Hugo à Guernesey* (Paris, Juven, s. d., in-12 de 3 ff., 296 pp.) marque moins de sympathie à la mémoire de son illustre beau-frère qu'à « la mémoire vénérée de Madame Victor Hugo » à laquelle sont dédiées ces pages par « son beau-frère et son ami. »

(1) Étienne Pariset, né à Gand, près Neufchâteau, en 1770, mort à Paris en 1847. Nommé médecin de Bicêtre en 1814, il fut ensuite appelé à la Salpêtrière, qu'il quitta en 1840.

(2) Adolphe Trébuchet, neveu de Mme Hugo, né à Nantes le 11 décembre 1801, mort à Paris le 16 octobre 1865, il était fils de Marie-Joseph Trébuchet, lequel, entré dans l'administration préfectorale de la Loire-Inférieure, y devint chef du secrétariat général et des archives, emploi qu'il conserva jusqu'à sa mort, survenue en 1828. Suivant la *France littéraire* de Quérard (tome IX, p. 536), il aurait rempli, en Espagne, les fonctions de préfet : renseignement parfaitement erroné — que, peut-être, propagea Victor Hugo pour prêter quelque lustre à sa ligne maternelle — reproduit, comme on pouvait s'y attendre, par le *Dictionnaire des Contemporains*, de Vapereau, dans ses multiples éditions.

autre de ses amis se relayaient pour le veiller, mais déjà deux de ces messieurs sont malades de la crise de cette nuit. Enfin, mon cher papa, nous sommes plongés dans la douleur la plus vive. Pardonnez-moi la liberté que j'ai prise de vous écrire, mais c'est une très grande consolation pour moi, sachant bien quel intérêt un bon père prend à de semblables malheurs.

Ces messieurs ne peuvent rien décider sans vous, et attendent avec une grande impatience votre réponse.

Je vous prierai encore, cher papa, de présenter

Léon Séché, dont la documentation est généralement plus exacte, semble avoir confondu le fils et le père, attribuant à Adolphe la part de collaboration apportée par Marie-Joseph au *Lycée Armoricain*, et chose plus grave, constatant, non sans mélancolie, qu' « il ne manqua » au poète Ad. Trébuchet, « pour arriver à la réputation, que de vivre à Paris ». (*Le Cénacle de Joseph Delorme*. Paris. *Mercure de France*, 1912 ; 2 vol. in-12, I, p. 46.) Entré, au lendemain de la révolution de 1830. à la préfecture de police, Adolphe Trébuchet y fit, au contraire, toute sa carrière, et, chef du bureau sanitaire et secrétaire du conseil central de salubrité, après s'être distingué au cours des épidémies de 1832 et de 1854, a laissé un certain nombre de publications touchant l'hygiène et la médecine, et même un *Nouveau dictionnaire de police*, le tout n'offrant que de lointains rapports avec la poésie. Adolphe Trébuchet avait collaboré au *Conservateur littéraire* où il signait A.-T-t.

Adolphe Trébuchet, marié à une demoiselle Marguerite Bouche, avait laissé un fils, Léon-Joseph-Adolphe, qui, né le 16 juin 1832, est mort le 26 février 1896, avec le titre de chef de bureau honoraire à la préfecture de la Seine, après avoir rempli, pendant quelques années, les fonctions de chef des bureaux de la mairie du VIIIe arrondissement. — Voir, à son sujet, une note de l'excellent historiographe parisien Paul Jarry, dans le *Bulletin de la Société historique et archéologique des VIIIe et XVIIe arrondissements*, 1917-1919, pp. 93-94.

tous mes sentiments de reconnaissance et de respect à notre belle-mère (1), *avec lesquels j'ai l'honneur d'être*

mon cher papa
votre très respectueuse et obéissante fille
A. Hugo (2).

Le général Hugo, qui n'avait point fait le voyage de Paris pour assister au mariage de son fils et avait même refusé de participer aux frais de la noce, se décide pourtant à prendre la diligence pour venir voir le malade à Paris et se rendre compte de son état. Le 6 janvier 1823, nouvelle lettre d'Adèle lui souhaitant la bienvenue. Une phrase de ce billet

---

(1) La formule a — momentanément — changé. L'époque n'était pas lointaine où, tancé par son père pour ne joindre à ses lettres aucune formule de courtoisie touchant la seconde Mme Hugo, Victor trouvait cette impertinente excuse... et cette flatterie :

« Je n'ai aucune prévention contre ton épouse actuelle, n'ayant pas l'honneur de la connaître. J'ai pour elle le respect que je dois à la femme qui porte ton noble nom, c'est donc sans aucune répugnance que je te prierai d'être mon interprète auprès d'elle, je ne crois pouvoir mieux choisir. N'est-il pas vrai, mon excellent et cher papa ? »

Plus tard, les soins dont avait été l'objet le petit Léopold, le premier enfant du jeune ménage, mort à Blois chez ses grands-parents, le 9 octobre 1823, devaient adoucir les angles et amener un rapprochement passager entre le plus jeune des fils de Sophie Trébuchet et l'aventurière. Il fut de courte durée : elle demeurait l'étrangère ; la mort du général Hugo et les questions d'intérêt que comportait la succession suffirent à en faire l'adversaire.

(2) *Inédit.*

laisse supposer qu'Eugène n'est plus chez Abel et a été une première fois hospitalisé au Val-de-Grâce.

Nous vous attendons, mon bon papa, de jour en jour, et cette nouvelle nous a comblés de joie. Depuis si longtemps que mon Victor ne vous a vu, et depuis si longtemps qu'il désire vous voir que vous ne pourriez lui apprendre une chose plus agréable.

Vous trouverez à Paris, mon cher papa, des enfants qui vous sont tout dévoués, et de plus que la dernière fois que vous les vîtes une fille bien heureuse, qui vous dit tout son bonheur, et qui ne désire que de vous l'exprimer de vive voix. Notre bonheur serait complet si notre pauvre frère pouvait y prendre part, et je suis bien persuadée que, s'il avait sa raison, son plus grand désir serait de revoir son père. Sa santé a été mieux pendant trois jours, ou du moins sa tête, mais il est retombé depuis deux jours. Mon mari est en ce moment près de lui, car ces messieurs s'arrangent de manière à le voir tous les jours, ce qui paraît lui faire plaisir (1).

Profitant d'un moment de lucidité du malade et espérant que le grand air lui serait favorable, le Général l'emmena aussitôt à Blois, où, quittant le château de Saint-Lazare (2), revendu, le 16 jan-

(1) *Inédit.*

(2) Aujourd'hui « Villa Lunier », maison de santé dépendant de l'Asile départemental d'aliénés de Loir-et-Cher.

vier 1823, au docteur Guy, il venait de s'installer, faubourg du Foix, dans la petite maison que sa seconde femme y possédait depuis 1816 et où elle devait mourir le 21 avril 1858 seulement,

. . . . maison
Qu'on voit bâtie en pierre et d'ardoises couverte,
Blanche et carrée, au bas de la colline verte,

que devaient célébrer les *Feuilles d'automne* (1), après que Victor s'y fut arrêté et l'eut visitée, avant de se rendre à Reims, en 1825, au sacre de Charles X.

Un mieux avait, semble-t-il, tout d'abord suivi le transfert du dément auquel Victor adressait, sans le dater, cet encouragement :

Ta lettre, mon bon et cher Eugène, nous a causé une bien vive joie. Nous espérons que l'amélioration de ta santé continuera au gré de tous nos désirs et que tu auras bientôt retrouvé, avec le calme de l'esprit, cette force et cette vivacité d'imagination que nous admirions dans tous tes ouvrages.

Dis, répète à tous ceux qui t'entourent combien nous les aimons pour les soins qu'ils te donnent, dis à papa que le regret d'être éloigné de lui et de toi est rendu moins vif par la douceur de vous savoir ensemble, dis-

(1) Paris, Eugène Renduel, impr. d'Éverat, 1832; in-8, de XIII-387 pp.

lui que son nom est bien souvent prononcé ici comme un mot de bonheur, que les mois qui me séparent de votre retour vont nous sembler bien longs, dis-lui pour nous tous ce que ton cœur te dit pour lui, et ce sera bien.

Ton frère et ami,
VICTOR.

Écris-nous le plus souvent possible.

Adèle paraissait à nouveau enceinte. « Tout porte à croire que notre Léopold est revenu », écrivait confidentiellement, le 9 janvier 1823, Victor à son père, naissance désirée d'un petit-fils, qui devait permettre au Général de venir l'embrasser à Paris, en y ramenant son second fils, dont on espérait encore le rétablissement.

Il nous semble que maintenant le mois qui nous donnera un enfant sera bien heureux, surtout parce qu'il nous rendra notre père. Eugène reviendra aussi, et reviendra sûrement content et guéri. (*5 mars 1823.*)

Ce contentement d'Eugène peut paraître assez problématique ; sa guérison, en dépit d' « une lettre extrêmement remarquable » (?) écrite à Félix Biscarrat (15 mars 1823), l'était encore plus. Il ne semblait guère s'être ressaisi.

Cette autre lettre, adressée à son frère Abel, qui,

probablement, ne fut pas envoyée, trahit lamentablement son état d'esprit, même au cours de ses intervalles les plus lucides. Des nuages obscurcissent l'intelligence. La pensée est pénible et exprimée avec difficulté, le style est celui d'un enfant où les répétitions abondent. Le meilleur ami du général Hugo à Blois, M. de Féraudy, ancien major du génie et fabuliste à ses heures (1), faisait l'objet de cette missive :

Mon cher Abel,

Un des amis de papa, M. de Féraudy, et l'un des membres de la Société littéraire fondée à Blois, dont papa avait été élu président, et dont tu avais été nommé membre correspondant, ce monsieur, dis-je, ayant appris l'influence que tu pourrais avoir auprès de quelques journaux, a paru désirer que tu lui fisses insérer quelques-unes de ses fables dans les feuilles où tu travailles.

---

(1) M. Joseph-Barthélemi de Féraudy, chevalier de Saint-Louis du 5 novembre 1814. — La première édition de ses fables, signée seulement de ses initiales, *Quelques Fables ou mes Loisirs*, par Jh-Bi de F..., ancien officier supérieur du corps royal du génie, parut à Paris, chez Chauvin, en 1820 ; in-16 obl. de 102 pp.

Une seconde édition, portant son nom et ses titres, et augmentée d'une 2e partie, fut publiée par Dentu, Paris, 1821 ; in-12, de XLI-161 pp. Enfin, une troisième partie fut donnée à Blois, par Aucher-Eloy, 1823 ; in-12, de IX-204 pp.

Originaire de Provence, la famille de Féraudy, outre l'excellent sociétaire de la Comédie-Française, est encore représentée par une de ses branches dans le Loiret.

Ayant également entendu parler des facilités que tu parais avoir auprès du théâtre de l'Odéon, il te prie également de lui rendre le service de présenter au comité de ce théâtre un acte dont je t'enverrai le manuscrit.

Avec les titres dont je viens de te parler, il était impossible que ce monsieur pût s'attendre à quelque refus de ma part. Ami de papa et membre d'une société littéraire dont je t'ai entendu te féliciter d'être membre, c'était sans doute te faire plaisir à toi-même que de me charger auprès de toi de sa commission.

Ce monsieur a déjà publié un recueil de fables dont le Journal des Débats *a rendu compte il y a un an, il compte en publier un nouveau volume. Il est membre de la société littéraire qui avait tenté de s'organiser à Blois, et dont toi et Victor faisiez partie ; ses fables ne te laisseront aucun doute sur son esprit et son talent.*

Après m'être acquitté de cette commission, il convient que je te manifeste mon étonnement de ce que tu ne nous as pas répondu. Cet oubli de ta part justifie les reproches que je t'ai entendu faire par papa.

En attendant une lettre de toi, je suis toujours avec attachement,

Ton frère affectionné,

E. HUGO.

Blois, le 19 mars 1823.

Eugène revint bien à Paris, mais pour être placé chez le docteur Esquirol (1), qui formulait ainsi auprès d'un ami de la famille Hugo, M. Bouÿn, sous-chef de bureau à la Grande Chancellerie de la Légion d'honneur, son avis touchant son pensionnaire :

Le malade est très fort, il faut l'affaiblir. Les saignées seront très utiles. Il a la tête et le cou gros, disposition aux engorgemens du cerveau. Un des grands moyens de guérison est la cessation de tout travail. D'après M. Esquirol, le malade peut guérir vers la fin d'octobre ou de novembre, mais alors il faudra qu'il renonce à toute occupation qui déterminerait à nouveau l'affection mentale (2).

A l'oasis de la rue du Foix avait donc succédé la maison de santé, où l'on avait insuffisamment caché au malade qu'il se trouvait parmi des fous. Victor craint pour son frère la solitude et l'oisiveté et pour la bourse paternelle le prix élevé de la pension. Et ce sont, assez exactement décrits, les phantasmes qui poursuivent le persécuté-persécuteur :

---

(1) Jean-Étienne-Dominique Esquirol, né à Toulouse en 1772, mort à Paris en 1840. Il continua et compléta les travaux de Pinel. Son principal ouvrage, *Des Maladies mentales considérées sous le rapport médical, hygiénique et médico-légal*, (Paris, J. Baillière, 1838 : 2 vol. in-8), est devenu classique.

Le Dr Esquirol devait se voir confier le poste de médecin en chef de la maison de Charenton et y retrouver son ancien pensionnaire.

(2) *Inédit.*

Mon cher Papa,

J'ai remis hier à Eugène ta lettre qui l'a touché autant qu'affligé. Sa douleur de ne pouvoir te revoir à Blois n'a été un peu calmée que par l'espérance que je lui ai donnée de te revoir à Paris dans deux mois, ce temps lui a paru bien long. Je vais te dire aussi, cher papa, que je ne l'ai plus trouvé aussi bien. On a pour les malades, chez M. Esquirol, des soins infinis, mais ce qui est le plus funeste à Eugène, c'est la solitude et l'oisiveté, auxquelles il est entièrement livré dans cette maison. Quelques mots qui lui sont échappés m'ont montré que dans l'incandescence de sa tête il prenait cette prison *en horreur, il m'a dit à voix basse qu'*on assassinait des femmes dans les souterrains et qu'il avait entendu leurs cris. *Tu vois, cher papa, que ce séjour lui est plus pernicieux qu'utile. D'un autre côté, la pension (dont M. Esquirol doit t'informer) est énorme, elle est de 400 fr. par mois. D'ailleurs, le docteur Fleury pense que la promenade et l'exercice sont absolument nécessaires au malade. Je te transmets tous ces détails, mon cher papa, sans te donner d'avis. Tu sais mieux que moi ce qu'il faut faire. Je crois néanmoins devoir te dire qu'il existe, m'a-t-on assuré, des maisons du même genre, où les malades ne sont pas moins bien que là, et paient moins cher. Il paraît qu'on n'a point assez caché à Eugène qu'il fût parmi* *des* fous, *aussi est-il très affecté de cette idée que j'ai néanmoins combattue hier avec succès...*

(24 mai 1823).

Quelques jours plus tard, venant à la rescousse, Adèle insistait auprès de son beau-père pour qu'il répondît courrier par courrier, afin qu'on pût retirer Eugène de la maison de santé du docteur Esquirol pour le placer momentanément au Val-de-Grâce.

Mon cher papa,

Mon mari me charge de vous faire part de son projet qui est celui de papa au sujet d'Eugène.

Le désir de papa et de Victor est de tâcher de faire entrer pour la seconde fois Eugène au Val-de-Grâce *(chose que ce dernier désire beaucoup), ensuite de le faire transporter chez Royer-Collard* (1). *Papa, qui, à ce que je crois, connaît quelqu'un attaché à cette admi-*

(1) C'est-à-dire à Charenton, ou plus exactement à Saint-Maurice. Antoine-Athanase Royer-Collard (1768-1825), second frère du philosophe, avait été nommé, en 1806, médecin en chef de la maison de Charenton, en remplacement de M. Gastaldy, « ancien médecin de la maison des insensés d'Avignon », premier médecin de l'asile après sa réouverture par le Directoire, mort au commencement de 1805. Le régisseur, devenu directeur, le sieur François Simonet, seigneur d'Escolmiers, ancien prémontré et ancien législateur, ne voulait pas, jaloux de son autorité, qu'il voulait étendre jusque sur les malades, « qu'on donnât un successeur à ce médecin, il fallut que l'école de médecine intervînt pour faire nommer M. le docteur Royer-Collard » (Esquirol).

nistration, recommanderait le malade, et moyennant une modique pension, qui n'est, paraît-il, pas de rigueur, rendrait sa position le moins triste possible. Au reste, la maison dans laquelle est mon beau-frère ne lui convient nullement. Il est sans doute bien soigné, mais Eugène, n'y attachant aucune importance, n'en est pas plus heureux. Il ne parle à personne, ne sort pas, et se croit dans une maison où l'on veut le tuer, et se livre toute la journée à son imagination. N'ayant pas eu d'accès, on n'a pu lui administrer que des saignées et quelques bains. En somme, cette maison lui a été plus funeste que toute autre. Il faudrait, mon cher papa, que vous ayez la bonté de nous faire parvenir, courrier par courrier, une lettre pour Mr d'Esquirol (sic) *parce qu'on ne livrera le malade que d'après une autorisation de votre main* (1).

Ces raisons étaient trop bonnes pour que le Général s'y dérobât. Dès le 6 juin, le comte Hugo envoyait la lettre demandée et Eugène quittait aussitôt la maison de santé du docteur Esquirol pour le Val-de-Grâce, d'où il ne tardait pas à être transféré à Saint-Maurice, c'est-à-dire à Charenton.

Le second frère de Royer-Collard, professeur de médecine légale à la Faculté de médecine de Paris et

---

(1) *Inédit.*

médecin de Louis XVIII, en était alors directeur. A sa mort, Esquirol lui succéda, en 1825.

De Gentilly, où il était allé passer la belle saison avec les Foucher, Victor écrivait à son père :

Mon cher Papa,

Eugène, après un séjour de quelques semaines au Val-de-Grâce, vient d'être transféré à Saint-Maurice, maison dépendant de l'hospice de Charenton, dirigé par M. le Dr Royer-Collard. La translation et le traitement ont lieu aux frais du gouvernement : il te sera néanmoins facile d'améliorer sa position moyennant une pension plus ou moins modique ; on nous assure que cet usage est généralement suivi pour les malades d'un certain rang. Au reste, le Dr Fleury a dû écrire à un de ses amis qui sera chargé d'Eugène dans cette maison, et M. Girard, directeur de l'école vétérinaire d'Alfort, a promis à M. Foucher, qui le connaît très particulièrement, de recommander également les soins les plus empressés pour notre pauvre et cher malade et d'en faire son affaire.

M. Foucher, Abel et moi, comptons t'écrire incessamment de nouveaux détails sur ces objets, ainsi que sur la santé toujours douloureusement affectée de notre infortuné frère. Les souffrances de mon Adèle, qui augmentent à mesure que son terme approche (1), *ne*

(1) Léopold-Victor Hugo « fils de Monsieur Victor Hugo, membre de l'Académie des Jeux floraux et de dame Adèle Foucher, son épouse »,

m'ont point encore permis d'aller le voir dans son nouveau domicile ; je ne puis t'en donner des nouvelles aussi fraîches que je le désirerais. Au reste, l'état de sa raison, comme j'ai eu occasion de l'observer dans mes fréquentes visites chez le Dr Esquirol et au Val-de-Grâce, ne subit que des variations insensibles. Toujours dominé d'une idée funeste, celle d'un danger imminent ; tous ses discours, comme tous ses mouvements, comme tous ses regards, trahissent cette invincible préoccupation, et je crains que les moyens dont la société use envers les malades, la captivité et l'oisiveté, ne fassent qu'alimenter une mélancolie dont le seul remède, ce me semble, serait le mouvement et la distraction. Ce qu'il y a de cruel, c'est que l'exécution de ce remède est à peu près impossible, parce qu'elle est dangereuse.

Je t'envoie ci-incluse une lettre de M. Esquirol, qui n'éclaircit rien, et n'ajoute rien à mes idées personnelles, à mes observations particulières sur notre Eugène ; je crois t'avoir déjà écrit la plupart de ce qu'écrit le docteur, auquel j'avais déjà exposé tous les faits qu'il présente. Il est vrai que le malade a fait chez lui un bien court séjour. Mais je pense que cette maison lui était plus nuisible qu'utile. M. Katzenberger a envoyé chez M. Foucher les 400 francs que demande le docteur Esquirol pour un mois de pension,

né à Paris le 16 juillet 1823, rue du Cherche-Midi, 39, au domicile de ses grands-parents maternels, mort le 9 octobre 1823 « en la maison de M. le général Hugo, rue du Foix. » (État civil de la commune de Blois.)

et M. Foucher a prévenu ce dernier qu'ils sont à sa disposition...

(*Gentilly, 27 juin 1823*).

La santé du dément est loin de s'améliorer. Il fait de la mélancolie, à présent, et on a peine à le faire manger. Victor donne au Général ces mauvaises nouvelles, en recommandant à son bon accueil son cousin germain, le jeune Adolphe Trébuchet, qui, de passage à Blois, désirerait visiter Chambord, le huitième château du roi de Bohême — sinon de Bavière, ne dirait-on pas une création de Louis II, cet autre fou ? — sur lequel viennent d'attirer l'attention la souscription imaginée par M. de Calonne et le procès de Paul-Louis Courier (1).

Mon cher Papa,

C'est mon bon petit cousin Adolphe Trébuchet qui te remettra cette lettre où tu trouveras le reçu de M. Esquirol. Nous n'avons encore pu voir notre pauvre

(1) En dehors du *Simple discours de Paul-Louis, vigneron de la Chavonnière, etc., etc.* (Paris, 1821 ; in-8, de 28 pp.) et de la brochure imprimée en 1828, « par ordre de la Commission », sous le titre de *Les Échos de Chambord.* (Paris, impr. de Trouvé, in-4. de 55 pp.), se reporter pour cette souscription prétendue nationale aux curieux documents publiés par M. Léonce Grasilier, dans ses articles sur *La Question de Chambord.* (*Nouvelle Revue*, 1er et 15 octobre, 1er novembre 1815, pp. 161-171, 251-261, 43-56).

Eugène à Saint-Maurice ; il faut une permission et il est assez difficile de l'obtenir.

Abel a du reste obtenu en attendant de ses nouvelles qui sont loin, malheureusement, d'être satisfaisantes ; il est toujours plongé dans la même mélancolie ; il a pendant quelque temps refusé toute nourriture ; mais enfin la nature a parlé, il a consenti à manger. Le traitement qu'il subit n'exige pas encore à ce qu'il paraît un supplément de pension, quand cela sera nécessaire, on nous en avertira.

Ces détails me navrent, cher papa, et il me faut toute la joie de ton prochain retour pour ne pas me livrer en ce moment au désespoir.

M. Foucher et Abel vont bientôt t'écrire, moi-même je me hâterai de te transmettre tout ce que l'état de notre cher malade offrira de nouveau...

(*1er juillet 1823.*)

Mais la grossesse de sa femme et son accouchement le retiennent au logis et, le 24 juillet 1823, après avoir annoncé à son père la naissance de son petit-fils Léopold, il ajoute en post-scriptum :

Depuis quinze jours que je suis garde-malade, je n'ai pu m'occuper de notre cher Eugène comme je l'aurais voulu, mais tu vas venir : puis-je ne pas voir son avenir sous des couleurs moins (trop) sombres ?

« Eugène va mieux *physiquement* », note-t-il brièvement cinq jours plus tard, pour constater, le 3 août, le désolant état de saleté dans lequel il est tombé :

La santé d'Eugène continue à se soutenir physiquement, mais il est toujours d'une malpropreté désolante. Le Val-de-Grâce n'a envoyé avec lui à Charenton qu'une partie de son linge ; nous nous occupons de rassembler le reste pour le lui faire porter. Ce qui me contrarie vivement, c'est l'extrême difficulté de voir notre pauvre frère à Saint-Maurice.

Difficulté semblant, à vrai dire, provenir des préoccupations de Victor plus que des règlements de la maison. Le 6 août, cette phrase, échappée de sa plume, trahit la négligence dont il use à l'égard du reclus :

Je compte, maintenant que j'ai quelque répit, aller voir un peu notre pauvre Eugène et lui porter le reste des effets demain jeudi. Il continue aussi, du reste, à aller un peu mieux.

Encore un petit post-scriptum de rien du tout, un pauvre petit post-scriptum tout honteux, établissant combien les visites de Victor étaient rares à Saint-Maurice :

Je tâcherai de te donner des nouvelles de notre Eugène dans ma prochaine lettre.

(13 septembre 1823.)

Ces nouvelles ne vinrent jamais.

Seule, cette lettre adressée par Eugène à son père, lettre obséquieuse de fou, semblable à tant d'autres, où abondent les mêmes enfantillages, dont revient les poches bourrées quiconque a la malencontre de visiter un asile d'aliénés. Ce document témoigne, toutefois, du peu d'empressement que ses frères apportaient à venir voir le malade : Saint-Maurice leur paraissait bien éloigné, puis, à quoi bon, puisqu'il ne devait pas guérir ?

Mon cher papa,

C'est avec un bien tendre souvenir que j'ai reçu de tes nouvelles. Il paraît que ta santé est toujours bonne et que tu ne m'as pas oublié. Je puis te donner l'assurance que l'attachement que tu as eu pour moi n'est pas moins présent à ma mémoire. J'ai lieu de croire que mes deux frères, Abel et Victor, se portent également bien, car j'eusse été certainement informé de leurs nouvelles s'il leur était arrivé quelque accident. Monsieur le Directeur et les personnes employées dans cette maison ont beaucoup de bontés pour moi. J'ai lieu de croire que la reconnaissance que tu en ressentiras sera égale à la mienne.

C'est avec joie que j'ai appris ton heureux retour à Blois. Il a fallu quelque temps d'arrêt pour que je m'accoutume à l'idée d'être séparé de toi. J'espère par mon activité et mon application réparer le temps et le repos qui m'ont été accordés dans cette ville. Il faudrait que mes deux oncles de Nancy fussent ingrats pour ne pas s'intéresser à ma santé comme je m'intéresse à la leur. J'espère que dans tes prochaines lettres tu leur parleras de mon attachement. J'ai été quelque temps sans recevoir de nouvelles de nos parents de Nantes et de Paris ; tu n'aurais pas été sans m'informer, ainsi que mes frères, de leur santé, si la saison ou leur activité aux affaires y eussent porté quelque atteinte.

Le Monsieur qui a eu la bonté de me donner de tes nouvelles permet que je t'en témoigne ici ma reconnaissance, ainsi que de la complaisance qu'il a eue de venir me voir dans cette maison, dans un moment où toutes les marques d'affection ont droit de me sembler si précieuses.

Permets-moi de présenter mes respects à Madame notre belle-mère, et ne néglige pas de lui rappeler que je ne suis pas le moins soumis de tes fils éternellement affectionnés; c'est un témoignage d'estime et d'attachement que je dois lui rendre.

Adieu, mon cher papa, souffre que je t'embrasse et que je me recommande à ton souvenir ; je ne suis pas moins jaloux que mes frères d'être toujours présent à ta pensée.

Durant l'espace de temps que je dois passer ici, j'espère rendre le loisir qui m'est accordé non moins utile au désir que j'ai de te témoigner mon affection qu'au calme de tête où tu as désiré me voir rétabli pour longtemps.

C'est avec ce vif désir que je me montrerai toujours

Ton fils soumis et respectueux

E. HUGO.

16 novembre 1823.

Saint-Maurice, près Charenton (1).

« J'ai reçu une lettre assez raisonnable de notre Eugène » (2), écrira une dernière fois Victor à son père, le 31 décembre 1823, en lui adressant ses vœux de nouvelle année. Puis, ce fut le silence. Les mois succèdent aux mois, sans que le poète souffle un mot de son frère. Il semble que sur lui aient été tirés les triples verrous des anciens cabanons où, jadis, étaient emprisonnés les fous. Il est le mort-vivant, enterré dans l'*in pace* de Charenton. L'oubli est tombé sur lui, plus lourd que les pelletées de terre dont le poids écrase la frêle armature du cercueil...

Un ami du général Hugo, vieux soldat de l'Empire,

(1) *Inédit.*
(2) *Inédit.*

dont les boucheries auxquelles il avait assisté avaient, sans doute, émoussé la sensibilité, lui écrivait, le 2 janvier 1825 :

Je suis, à mon grand regret, obligé de vous donner de mauvaises nouvelles d'Eugène. Je l'ai vu trois fois depuis votre départ de Paris, et je l'ai toujours trouvé de plus en plus sale. Il continue cependant à me reconnaître, mais je ne puis plus tirer de lui d'autre réponse à mes questions que : Oui, Monsieur ! vous êtes bien bon !

Il était devenu gâteux, et, après des détails répugnants, froidement, le visiteur ajoutait :

Ces messieurs de l'hospice me disent qu'Eugène est maintenant dans un état à ne pouvoir guérir. Si cela est ainsi, comme il n'y a plus à en douter, il vaudrait mieux qu'il payât le plus tôt possible sa dette à la nature (1).

Il ne la paya pas si tôt et survécut quinze ans à son internement. Son état serait demeuré stationnaire et, même, aurait tendu à s'améliorer, si l'on se fie au récit du comédien Laferrière (2), au point que,

---

(1) *Inédit.*

(2) Louis-Fortuné-Adolphe Delaferrière, dit Laferrière, né à Alençon en 1806, mort à Paris en 1877. Bel acteur de drame, il joua avec succès à l'Am-

à l'intérieur de Charenton, on l'aurait laissé circuler librement et qu'il n'aurait nullement donné, au cours de ses moments de lucidité, l'impression d'un fou à qui le voyait pour la première fois.

Il aurait été loin de paraître son âge et sa tête n'aurait rien perdu de sa beauté.

Mais quelle foi ajouter à ces pages des Mémoires inachevés de Laferrière (1), en contradiction si flagrante avec les renseignements donnés douze ans plus tôt sur l'état d'Eugène Hugo ?

Ce brillant causeur, ce dément aux intervalles extraordinairement lucides, servant de guide, quelques mois avant sa mort, aux étrangers qui obtenaient

---

bigu, à la Porte-Saint-Martin ; après un séjour à l'étranger, notamment en Russie, entra à la Gaîté en 1837, puis passa par diverses scènes, Vaudeville, Odéon, Théâtre historique, etc., où, par sa fougue et par sa passion, il donna longtemps l'illusion de la jeunesse.

Avant que M. Jean Richepin se fût substitué au comédien Marais sur le bûcher de *Nana Sahib*, Adolphe Laferrière, également indisposé, s'était vu doubler, en 1838, par l'un des auteurs, M. Fillion, d'un *Lord Surrey*, drame en cinq actes qu'on jouait alors à la Gaîté.

« Nous aimerions à voir cet essai se renouveler, épilogua Théophile Gautier dans la *Presse* du 28 mai 1838, et pour des œuvres plus importantes. Yacoub, joué par Dumas, et Hernani, par Victor Hugo, seraient un spectacle du plus haut intérêt et très profitable ; car, à part quelques inexpériences scéniques que l'on s'exagère beaucoup, nul ne doit mieux rendre un caractère que celui qui l'a conçu. La fantaisie de M. Fillion est amusante et poétique, et nous ne concevons point qu'elle n'ait pas été réalisée plus souvent. »

Le bon Théo avait-il conservé le souvenir de *Lord Surrey* et de M. Fillion, dramaturge aujourd'hui oublié, lorsqu'en sa maison de Neuilly, « devant le Tout-Paris artiste de 1863 », il interprétait le rôle de Géronte de son *Tricorne enchanté* ?

(1) Paris, E. Dentu, 1876 ; 2 vol. in-12, de XI-320 ; 326 pp.

la triste faveur de visiter Charenton, semblent plus appartenir à l'imagination du conteur qu'à la réalité. Il est improbable que le mal dont était atteint Eugène comportât de telles rémissions.

Ces pages ne sauraient être considérées comme un document et constituent une simple curiosité. Elles émanent d'un comédien, et quel qu'en ait été le « teinturier », attestent que ce comédien avait le sens du théâtre.

En 1837, peu de temps après son retour de Russie, devant créer à la Gaîté, sous la direction de M. de Cès-Caupenne (1), le rôle de l'*Idiot*, dans un mélodrame portant ce titre, Laferrière s'était rendu à Charenton pour y puiser quelque documentation et étudier son personnage.

Un assassin, condamné à mort pour avoir tué sa mère, frappé d'idiotie pendant le court délai de son pourvoi, y était retenu en surveillance et lui fournit

---

(1) Sur M. de Cès-Caupenne et sur sa double direction de la Gaîté et de l'Ambigu, on trouve des détails amusants dans les *Mystères des Théâtres de Paris*, par un Vieux Comparse (Jean-Baptiste-Théodore Tuffet, ex-comédien). — Paris, Marchant, 1844; in-12, de 432 pp.; p. 334-349.

Ayant fait l'honneur à l' « ustensilier » de son théâtre d'assister à son mariage et à la soirée qui suivit, M. de Cès-Caupenne y fut victime de cette malencontre, dont j'emprunte le récit au Vieux Comparse. Il égaiera l'austérité de ces références :

J'avais invité à ma noce un de mes parents, dont la profession est hautement considérée au palais. Ce parent avait convié deux de ses collègues qui avaient amené leurs familles. M. le baron de Cès-Caupenne avait fait danser plusieurs fois déjà une jeune personne fort jolie, à la tournure fort distinguée; le cœur de M. de Cès battait violemment;

le type qu'il cherchait. « J'aime ma mère, moi ; j'aime ma mère ! », se contentait-il de répondre, avec une voix d'enfant, d'une douceur douloureuse, à force d'être tendre, quand on lui reprochait son crime, et, farouche, il se remettait à vaguer par la cour, en agitant sa lourde tête, paraissant avoir oublié la présence de ceux qui l'entouraient.

On avait donné au comédien un guide, pour l'accompagner dans ce voyage au pays de la quatrième dimension qu'est la visite d'un asile d'aliénés. Laferrière avait cru d'abord avoir affaire à un gardien et n'avait point tardé à s'apercevoir de sa méprise.

— Un interne, sans doute, ou bien un jeune médecin attaché à la maison pour y poursuivre ses études ?

— Non, un fou, se sachant fou, parlant de son mal et le raisonnant avec une inquiétante logique, pour apporter au spiritualisme — intelligence dévoyée et confinant au génie, — un argument que n'aurait

---

déjà il avait offert et donné à sa jolie danseuse un coupon de première loge de l'Ambigu, lorsqu'il demanda à un de mes garçons d'honneur des renseignements sur la jeune personne avec laquelle il avait dansé quatre fois. — « C'est, lui répondit l'interlocuteur, Mlle Sanson, la fille de l'exécuteur des hautes-œuvres. » M. de Cès-Caupenne fit deux pas rétrogrades, et s'adressant à l'un des convives dont les manières décelaient l'homme du monde, lui dit : « Croiriez-vous, monsieur, que cette jeune personne si jolie soit la fille de l'exécuteur, du bourreau de Paris ? — Je le sais, monsieur, et moi-même je suis celui de Beauvais ; mon cousin, que vous voyez là-bas au piano, est l'exécuteur de Rouen. » Mon directeur, tout occupé de son théâtre, me demanda son chapeau, en me priant de l'excuser de ne pouvoir rester plus longtemps au bal, et disparut sans annoncer son départ, dans la crainte sans doute de troubler la société.

point désavoué le *Système du docteur Goudron et du professeur Plume*, dans l'éternelle enquête sur l'immortalité de l'âme.

C'est comme une page perdue d'Edgar Poe, retrouvée à la diligence d'un émule du vicomte de Lovenjoul, ces fous battant des mains et hurlant de joie, autour du piano désaccordé de Listz :

— Le maître est fou ! Le maître est fou !

Le tableau ne serait pas déplacé au Grand-Guignol et pourrait pleinement contenter M. André de Lorde.

— *Eh bien, me dit mon cicerone, que pensez-vous de notre assassin ? Est-il fou ? ne l'est-il pas ? La justice hésite à se prononcer, et la science hésite encore plus que la justice.*

Frappé de la mesure autant que de l'élégance de ces paroles, dans la bouche de mon interlocuteur, que je croyais être un employé subalterne, je le regardai pour la première fois, et je fus surpris de trouver en lui un jeune homme de tournure aristocratique, d'un blond doux, aux yeux fins et vifs, au sourire moitié triste et moitié gai.

— *Ah ! monsieur, continua-t-il, en faisant quelques pas vers le jardin, et en m'invitant à le suivre par un geste gracieux, c'est là une bien grosse question, que celle qui a pour thème d'établir la juste limite où finit la raison et où commence la folie.*

— *Question profonde, en effet, répliquai-je, et que*

je me suis souvent posée ; seulement, vous le dirai-je ? à chaque fois que ma pensée s'est arrêtée sur ce problème, j'ai reculé, frappé d'épouvante, devant la solution, toujours la même, que je lui donnais.

— Et quelle solution, monsieur ?

— Je n'ose vous la dire.

— Et moi, je l'ai devinée, continua-t-il, en s'asseyant sur un banc, à l'ombre d'un acacia fleuri. Votre solution, la voici : Puisque la moindre modification du cerveau modifie l'intelligence, cerveau et intelligence ne sont qu'un, et, qui dit intelligence, dit cerveau. Est-ce bien cela ?

— Parfaitement.

— Et comme le cerveau n'est qu'une masse spongieuse et médullaire, soumise à toutes les lois de la matière, vous en concluez que l'âme est matérielle.

— Je vous l'ai dit, monsieur, je ne me suis jamais permis de conclure.

— Vous avez eu tort. C'est en passant par l'absurde que l'on arrive souvent jusqu'à Dieu.

Je regardai de nouveau celui qui me parlait ainsi. Il sourit, et, se reculant un peu, me fit une place à côté de lui.

— Pardon, monsieur, si je n'ai pas encore eu la curiosité de vous demander votre nom, repris-je alors, en m'asseyant. Vous êtes, sans doute, l'un des médecins attachés à l'hospice ?

— Non, monsieur, je suis un des pensionnaires de la maison.

— J'avoue... que je ne comprends pas.

— C'est-à-dire que vous n'osez comprendre, comme tout à l'heure vous n'osiez conclure... Eh bien ! monsieur, soyons plus clair : je suis fou.

— Fou !! m'écriai-je en me redressant malgré moi.

— Oh ! ne craignez rien. Puisqu'on me laisse libre, et qu'on vous a confié à moi, c'est qu'apparemment je ne suis pas à redouter, en ce moment du moins.

Il dit ces derniers mots d'une voix plus sourde, et en baissant la tête : je ne sus que répliquer, et il y eut un instant de silence.

— Si vous le permettez, reprit-il, avec un certain effort, je vous raconterai une des impressions récentes de ma vie..., si je puis appeler vivre les heures lentes et douloureuses que je passe entre ces murs...

Il se recueillit un instant, et continua :

— L'un des moyens appliqués depuis quelque temps, dans cet hospice, au traitement des maladies mentales, c'est la musique (1). *Un pianiste, un maître, un de ces artistes touchés par le doigt du génie, se plaît à venir quelquefois promener ses mains habiles sur le magni-*

---

(1) Le docteur Esquirol ne se faisait au surplus guère d'illusions sur l'effet des concerts sur les aliénés et moins encore sur les représentations théâtrales — c'était là une frime qu'il jugeait dangereuse — fêtes dont « le trop fameux de Sade était l'ordonnateur ». — « Que de rechutes, que d'accès de fureur provoqués par les représentations théâtrales ; jamais on n'a montré les individus guéris par ce mode de traitement. »
On donnait, en effet, à Charenton, des bals et des concerts une fois par semaine ; « ce moyen, ajoutait Esquirol, est moins dangereux que

fique piano à queue que possède l'établissement, et qu'on a placé dans une pièce voisine du réfectoire, de manière que nous puissions en percevoir les accords pendant nos repas. Il y a quelques semaines, on nous avertit que le grand artiste était là, et qu'il allait se faire entendre. Vous jugez de notre joie ; mais vous jugerez de notre désappointement, — je parle de ceux d'entre nous qui ont les oreilles délicates, — lorsque éclatèrent les mesures de la grande fantaisie qu'on nous avait annoncée. Figurez-vous qu'à l'insu de tout le monde, un des pensionnaires, un de ceux qui sont libres, avait malicieusement désaccordé les six octaves et demi de l'instrument, et que nous assistions à l'épouvantable cacophonie de cinquante notes musicales, hurlant les unes avec les autres. Il y eut une clameur unanime. Quelques-uns parmi nous furent pris de ce rire que la langue, indifférente dans sa précision, appelle le fou rire. L'un d'eux s'écria même, en frappant ses mains l'une contre l'autre : « Le maître est fou ! le maître est fou ! » Et tous de répéter : « Le maître est fou ! » Ce mot me fit bondir de colère. Un éclair, rapide comme celui de la foudre, venait de me traverser l'esprit. Oui,

---

le spectacle, quoiqu'il ne soit pas sans inconvéniens; la musique doit être choisie. Les étrangers ne sauraient être admis dans ces réunions qui doivent avoir lieu en famille, entre les malades et les personnes qui les dirigent et les soignent habituellement, afin d'éviter toute excitation nerveuse, tout réveil des passions. » La musique peut distraire « et par conséquent, elle soulage » ; mais elle ne saurait guérir. (*Op. cit.* II, pp. 578, 586).

monsieur, je venais d'entrevoir l'innocence de l'âme, dans ce malheur physique, appelé la folie, et je pouvais désormais séparer, comme deux éléments distincts, étrangers l'un à l'autre, ce qu'on appelle âme, de ce qu'on appelle cerveau.

Malgré moi, en écoutant mon étrange discoureur, je promenais mes regards dans le jardin, enchanté que j'eusse été de découvrir quelque surveillant à ma portée ; car, il faut bien le dire, les yeux de mon beau jeune homme blond avaient pris subitement un éclat bizarre, et ses gestes devenaient de plus en plus multipliés et rapides.

Il me saisit le bras avec force :

— L'âme, ici, monsieur, c'était le musicien, c'était l'art, c'était le génie, le génie toujours égal à lui-même, et qui ne peut pas se tromper ! Le cerveau, c'était le clavecin, vil et infidèle instrument, matière coupable et maudite, sujette à tous les accidents vulgaires, au chaud, au froid, à la maladie, à la mort... Tenez, prenez mon frère, mon grand, mon illustre frère, mon dieu et mon poëte, prenez-le, et qu'un coup de trépan, mal dirigé, atteigne en lui la plus petite parcelle du cerveau, le lendemain, il déraisonne ! Ah ! vous croyez que vous aurez touché à son âme puissante, émanation de Dieu ! Vous n'aurez touché qu'au clavecin... et c'est lui seul qui déraisonnera, malgré l'artiste, sous ses doigts inspirés ! L'âme chez les fous est aussi parfaite que chez les sages... Le lendemain, le piano fut remis d'accord, et Listz nous ravit dans le troisième ciel...

Le jeune homme, qui s'était levé, me quitta le bras et s'éloigna brusquement, sans me faire le moindre signe d'adieu.

Je demeurai confondu.

Celui qui venait de parler avec une telle éloquence et une précision si nette, était-il atteint de démence ? Je repoussai loin de moi cette ridicule hypothèse et, ne me souvenant plus même de son aveu, je résolus de le suivre.

Mais il avait disparu sous l'une des nombreuses portes qui donnent dans la vaste cour, en forme de pluvium, qui s'étend au centre des bâtiments, et tous mes efforts pour le retrouver furent inutiles.

Je me fis conduire au cabinet du docteur Esquirol, à qui je racontai ce qui venait de m'arriver.

L'illustre vieillard tira vivement un cordon de sonnette, et s'informa de Monsieur Eugène, *au gardien qui parut.*

Monsieur Eugène, *rentré depuis quelques instants dans sa cellule, venait d'être pris d'un accès violent et on avait été contraint de lui mettre la camisole de force !*

Le docteur eut un mouvement de joie et me prit la main.

— Vous ne savez pas, cher monsieur, quel service vous venez de me rendre !

— En vérité, cher docteur, je serais bien plutôt tenté de vous demander pardon ; car je suppose que

Monsieur Eugène *doit être mon jeune philosophe, et que je suis indirectement la cause de sa rechute.*

— *Qu'appelez-vous une rechute ? Dites plutôt que c'est un espoir qui renaît. Il était devenu, depuis quelques semaines, d'un calme inquiétant. Sachez que les démences les plus faciles à guérir sont les démences furieuses. Les folies muettes, c'est la paralysie et, par conséquent, la mort. La crise inattendue de notre pauvre Eugène me remet un peu de baume dans le cœur ; car je l'aime, cet enfant, et je donnerais beaucoup pour le guérir.*

— *Pardon, cher docteur, mais quel est donc ce frère dont il m'a parlé, et qui, selon lui, serait un grand poëte ?*

— *Comment, vous ignorez cela ?*

— *Tout à fait.*

— *Eh bien ! cher monsieur, le frère de notre Eugène s'appelle Victor Hugo.*

— *Victor Hugo !*

— *Eh ! mon Dieu, oui, il y a comme cela des races illustres et fatales. De ces deux frères, également doués de la même flamme, un seul a pu la contenir sans se briser. Mais je vous quitte. Je vais surveiller moi-même mon pauvre enfant* (1).

C'était peut-être la crise finale, ou elle approchait, car la mort devait mettre un terme, le 5 mars 1837,

(1) *Mémoires de Laferrière,* t. II, pp. 151-158.

à l'internement d'Eugène Hugo. Il avait duré quinze ans, quinze ans, le « château de la mort lente ». Alors seulement, fidèle à ses habitudes, touchant d'un plectre d'or les cordes de la grande lyre, Victor Hugo avait salué la dépouille de son frère disparu, élevant à sa mémoire une inscription qu'il se figurait plus durable que l'airain.

A Eugène, vicomte H... Il fallait bien que son aîné fût vicomte, pour que lui-même pût porter ce titre auquel ils n'avaient droit ni l'un ni l'autre. Mais il y tenait, comme il tenait aux merlettes des Hugo de Lorraine, dont il s'était approprié les armes, les jugeant plus décoratives que la ferblanterie impériale accordée par Joseph, roi d'Espagne, à son père le général Hugo (1).

---

(1) En récompense des défaites qu'il avait infligées à l'Empecinado, le roi Joseph avait accordé à Joseph-Léopold-Sigisbert Hugo, général au titre espagnol, le titre de comte de Siguenza et Cogolludo, avance, dans une note du tome II de son *Armorial du premier Empire*, le vicomte A. Révérend, donnant par inadvertance le bénéficiaire de cette faveur pour le grand-père et non comme le père du poète.

Siguenza ou Cogolludo, ce titre espagnol ne fut jamais l'objet d'aucune confirmation impériale et ne pouvait légalement prendre place dans l'*Armorial du premier Empire*. Il ne semble pas, d'ailleurs, que Joseph-Léopold-Sigisbert Hugo ait eu particulièrement à se louer de Napoléon, qui ne reconnut pas davantage le grade de général que lui avait accordé son frère et qui, à deux reprises, le chargea de la défense de Thionville avec les épaulettes de major.

La Restauration lui fut plus favorable. Après lui avoir accordé la croix de l'ordre royal et militaire de Saint-Louis (1er novembre 1814), tout en le mettant en demi-solde, elle lui reconnaissait vingt jours plus tard le grade de maréchal de camp (général de brigade), pour prendre rang à la date de sa rentrée en France (11 septembre 1813).

Elle est pleine d'imprévu, cette pièce. Les lis ont perdu leur blancheur sanglotante et les jardins « leurs robes éburnales ». Le vent de juillet a jeté bas la vieille cour des Bourbons, l'ennuyeuse cour des Bourbons, où, seule, Marie-Caroline, duchesse de

---

Enfin, le 5 juin 1825, le *Moniteur universel* annonçait la promotion depuis si longtemps désirée, vers laquelle tendaient depuis des mois les efforts du fils : « M. le maréchal de camp Hugo vient d'être nommé lieutenant-général ».

L'*Ode sur le sacre* avait sans doute plus fait pour cet « avancement » que la bonne volonté de M. de Chateaubriand, de M. de Clermont-Tonnerre, voire du duc d'Augoulême. Un commandement manquait seul au nouveau divisionnaire.

Quant aux armes accordées par Joseph, roi d'Espagne, au général Hugo, qui, au surplus, négligea de les faire enregistrer, le cachet que fit graver le fils et dont il scella bon nombre de ses lettres à son père, permet de les lire ainsi :

Écartelé : au 1er d'azur, à l'épée au pal d'argent garnie d'or, accompagnée en chef de deux étoiles d'argent ; au 2e de gueules au pont de trois arches d'argent maçonné de sable, soutenu d'une eau d'argent et brochant sur une forêt de même ; au 3e de gueules à la couronne murale d'argent ; 4e d'azur au cheval effrayé d'or.

Comme on comprend que le « vicomte Hugo, pair de France » ait préféré faire figurer dans l'*Armorial historique de la noblesse de France* les deux merlettes de sable attribuées, en 1535, à Georges Hugo, capitaine dans les troupes de René II, duc de Lorraine, lors de son anoblissement et que continuèrent à porter, en Allemagne, les Hugo de Spitzemberg, ses descendants.

Il ne devait pas suffire, au surplus, à Victor Hugo de se parer d'armes qui n'avaient jamais appartenu à sa famille. Aux merlettes, il joignit une arrière-grand'tante, Anne-Marie, chanoinesse du chapitre noble de Remiremont (soixante-quatre quartiers de noblesse exigés !) et le décoratif évêque de Ptolémaïs, dont les œuvres théologiques sont avantageusement rappelées dans les *Misérables*. Cela faisait évidemment « plus riche » que les tantes couturières à Nancy ou que la tante Martin Chopine, cette correspondante, sœur du Général, dont à la pension Cordier et Decotte, Eugène et Victor eurent tant à se plaindre.

Cf. Edmond Biré ; Louis Belton : *op. cit.*

de Berry, apportait la joie et la gaîté de sa jeunesse. Dans le grand parc solitaire et glacé, nulle ombre ne passe et n'ose y évoquer le passé. Aucun ne songe — surtout Hugo — combien c'est triste, ce vieux roi renversé et ce si dolent tableau. Finies les fêtes galantes, les lis, les Bourbons, la légitimité, miroirs ternis et flammes mortes. Nouveau Clovis, Victor Hugo adore maintenant ce qu'il a brûlé : familier et protégé des Orléans, il lui faut, à l'heure présente, imposer à la jobarderie et à l'imbécillité des gens l'amusant et truculent mensonge d'une foi bonapartiste remontant à la première enfance des deux frères :

Lorsque Napoléon flamboyait comme un phare
Et qu'enfants, nous prêtions l'oreille à sa fanfare,
Comme une meute au cor ! (1)

La curée, tout au plus. C'est dire pourquoi l'ode sur *la Mort du duc d'Enghien* est demeurée ensevelie dans les collections des recueils de l'Académie des Jeux floraux et du *Conservateur littéraire*. Elle eût plutôt gêné Hugo au cours de ses évolutions.

Maintenant, il a trouvé sa voie : poète, philo-

(1) *Les Voix intérieures*. — Paris, Eugène Renduel (Terzuolo, impr.) 1837 ; in-8, de XIV-320 pp. Le volume porte cette dédicace connue : « A Joseph-Léopold-Sigisbert Hugo, lieutenant-général des armées du Roi... non inscrit sur l'Arc de l'Étoile » oubli, que devait s'empresser de réparer le gouvernement de Louis-Philippe.

sophe, penseur, politicien, grand-prêtre d'une religion dont il est lui-même le dieu, il a revêtu, à la parade de la baraque littéraire, la défroque et les accessoires de l'homme-orchestre : grosse caisse et chapeau chinois, nul instrument ne lui est étranger. Il officie et il vaticine, oubliant trop que ses « austères plaisirs » étaient éclos sous le manteau d'Arlequin et que, à Paris du moins, nul n'ignorait plus sa liaison avec Juliette Drouet.

LA MORT DU DUC D'ENGHIEN

POÉSIE

LA MORT DU DUC D'ENGHIEN

ODE

COURONNÉE EN 1818 PAR L'ACADÉMIE DES JEUX FLORAUX

Dixit incipiens in corde suo : non est Deus

Porté sur le flanc des nuages,
L'ange des nuits parcourt les cieux épouvantés.
Sa voix tonnante appelle les orages ;
La foudre et l'aquilon marchent à ses côtés...
Le loup, hurlant dans l'ombre, a quitté ses repaires
Il traverse à grands pas les hameaux solitaires.
O laboureurs, réveillez-vous !
Veillez ! veillez ! j'entends les cris de la victime.
La nuit est complice du crime ;
Le sang qu'on va verser retombera sur nous.

J'entends dans les forêts les cris lointains d'alarmes...
Où vont ces coursiers et ces chars ?
Que cherchent ces soldats qui font briller leurs armes ?
Arrêtez !... Ciel ! tout fuit vers ces affreux remparts,
Seul le sinistre airain des heures

Résonne sourdement au haut de ces demeures ;
Un spectre lui répond par des gémissements ;
J'écoute, et, loin, dans les ténèbres,
S'élèvent les clameurs funèbres
Du triste oiseau des monuments.

Je vois, dans Saint-Denis, une pâle lumière
Errer sur ces vieux murs si sacrés autrefois ;
J'entends, au sein de la poussière,
S'agiter à grand bruit les ossements des Rois.
Échappés des sombres royaumes,
De toutes parts, vers moi, marchent d'affreux fantômes.
Des célestes décrets redoutables héraults,
Leur effrayante voix retentit dans les plaines ;
Ils s'arrêtent, les bras étendus vers Vincennes,
Ils chantent l'hymne des tombeaux.

Tenant entre leurs mains les ordres sanguinaires,
Des chefs se sont assis pour insulter aux lois ;
Et, devant ces bourreaux, juges imaginaires,
A comparu le fils des Rois.
Noblement exilé d'une terre flétrie,
Sur les bords étrangers il suivit la patrie,
Français digne de ses aïeux ;
Depuis qu'il s'est fait voir dans les champs de Bellonne,
La France ose espérer, et le tyran frissonne
Sur son trône victorieux.

Les peuples se disaient : louons la Providence ;
Nous ne sommes plus sans appui,
Le glaive d'un héros veille encor sur la France...
Qu'il meure, a dit le Corse, et sa race avec lui !

Endormi sur la foi de ses traités perfides,
Le héros, entouré de pièges homicides,
Soudain se réveille étonné ;
Il tombe enveloppé des embûches du crime :
Un forfait l'a vaincu, que la noble victime
Rougirait d'avoir soupçonné.

Il est là, sous les yeux de ces brigands farouches,
Comme un Condé, l'œil fier, le front serein.
L'imposture et le fiel découlent de leurs bouches ;
Il sourit, muet de dédain.
Son regard poursuit leurs pensées ;
Il lit l'arrêt fatal dans leurs âmes glacées :
Leurs remords ne l'absoudront pas ;
Son cœur lui dit assez qu'il n'est plus d'espérance,
Et que l'oppresseur de la France
Ne vivra que par son trépas.

Hélas ! que n'est-il mort au milieu des batailles,
Noblement étendu sur un lit de lauriers !
Il mourra loin des camps, sous d'indignes murailles,
Comme le dernier des guerriers !
Les peuples, effrayés, pleureront en silence ;
Des Français oublieront sa cendre sans vengeance ;
Ils souriront à son bourreau !
Et longtemps son ombre sanglante
Sur cette terre encor de son trépas fumante,
Viendra demander un tombeau !

Cependant, à l'aspect du héros magnanime,
Étonné d'être ému par le sang innocent,
Le tribunal affreux des ministres du crime

Se tait en frémissant.
Épouvanté de ce qu'il va résoudre,
Il craint de condamner celui qu'il n'ose absoudre...
Mais le Corse a trop attendu :
Il apprend qu'on trahit sa colère inquiète ;
Il parle, et la terreur répète
L'arrêt, par la justice, un instant suspendu.

Ah ! quand viendra le jour où l'Europe et la France
Dépouilleront leurs vêtements de deuil ?
Ce jour où, de son pied, l'ange de la vengeance
Frappera le colosse élevé par l'orgueil ?
Des bourreaux de Louis héritier détestable,
Cache-toi, cache-toi sous ton bonheur coupable ;
Impose par la gloire aux peuples abusés...
Tu montes pour tomber, aujourd'hui roi suprême,
Demain peut-être esclave, et seul avec toi-même,
Pleurant sur tes sceptres brisés.

Adieu, noble amour de la gloire !
Adieu, lauriers promis à ses jeunes vertus !
Compagnons du héros si chers à sa mémoire,
Adieu, vous qu'il ne verra plus !
Assis dans les cachots d'une tour solitaire,
Il attend l'heure funéraire;
Signal des derniers attentats ;
Tranquille, cependant, il rêve en sa pensée
Les beaux jours d'une vie, hélas ! sitôt passée,
Et l'avenir qu'il ne craint pas.

Tristement appuyé sur ses mains valeureuses,
Le héros éleva ses regards vers les cieux ;
Et des larmes silencieuses,

Malgré lui, roulaient dans ses yeux,
Que faisiez-vous alors, ô toi, sa tendre mère,
Et toi, Bourbon, malheureux père ?
Peut-être un doux sommeil le mettait dans vos bras.
Dormez !... Près de sa dernière heure,
C'est sur votre réveil qu'il pleure ;
C'est pour vous qu'il frémit en allant au trépas.

De ce bastion solitaire
Je vois descendre des soldats.
Un sombre flambeau les éclaire...
Je frissonne au bruit de leurs pas.
Que vois-je ? ô terreur !... sans défense,
D'Enghien au milieu d'eux s'avance
Avec la fierté des héros !
La nuit prête son ombre au crime :
Tout est tranquille, et la victime
Veille seule avec ses bourreaux !

Du moins que la parole sainte
Pour la dernière fois descende sur d'Enghien !
Il parle... et ce Murat qui vit l'homme avec crainte,
Avec mépris voit le héros chrétien,
Retiens, lâche, retiens ton insultant blasphème !
Tu ne crois plus en un juge suprême
Témoin de tes longs attentats...
Mais tremble ! la Calabre et ses rochers t'attendent ;
Ses vautours naissants te demandent !...
Il est un Dieu vengeur, et tu le connaîtras.

Sur sa poitrine intrépide
Plaçant un pâle fanal
Dont la lumière homicide

Guidera le plomb fatal,
Ils reculent, et dans l'ombre
A peine une lueur sombre
Brille à leurs yeux inhumains
Et le héros immobile
Présentait un cœur tranquille
Au fer qu'apprêtaient leurs mains.

Le chef des meurtriers à sa troupe insensible
Donne soudain l'affreux signal.
La mort, ceinte d'éclairs, avec un bruit horrible,
Passa sous ce rempart fatal.
D'Enghien était tombé !... Dormez, peuples esclaves,
Peuples dignes de vos entraves,
Qui croirez le venger par de stériles vœux !
La race des Condé pour jamais est éteinte :
Ce sang dont la patrie est teinte,
C'est le sang des héros promis à nos neveux.

Etendu palpitant sur la poudre sanglante,
Il voyait ses bourreaux, pour cacher leurs forfaits,
Ouvrir à coups pressés la tombe dévorante
Qui doit l'engloutir à jamais.
Bientôt son sang glacé dans ses veines s'arrête ;
Sur une froide pierre il repose sa tête ;
Luttant contre la vie, il attend le trépas.
En ce moment une ombre immense
Qui siégeait sur les tours, pareille à la vengeance,
Se lève en agitant ses gigantesques bras.

Une auréole étincelante
Brillait sur son front couronné ;
Et de son sein, couvert d'une pourpre éclatante,

Pendait un long linceul aux vents abandonné.
C'était le saint Monarque... un effrayant silence
Dans les airs étonnés annonça sa présence ;
Le fer tomba des mains des bourreaux pâlissants ;
Et sa voix semblable au tonnerre
Bénissait le héros renversé sur la terre
En ces formidables accents.

Tu meurs, d'Enghien, tu meurs : ton Dieu vers lui t'appelle ?
Quitte ce corps par la mort attendu ;
Lève-toi, viens renaître à la vie éternelle,
Viens voir où le bonheur attendait ta vertu
L'Éternel a permis ton glorieux supplice :
Car ta vaillance à sa justice,
Arracherait un peuple révolté.
Mais, après tes vertus, tes malheurs, ta constance,
La mort n'est qu'une récompense
Qui t'ouvre un ciel heureux dès longtemps mérité.

Il dit ; et ranimant ses forces presque éteintes,
Le héros lui sourit de son regard mourant,
Alors le vieux Monarque éleva ses mains saintes
Sur le fils des Condé à ses pieds expirant :
Il bénissait son corps privé de sépulture ;
Et le chêne sacré, poussant un long murmure
Lui répondait au fond des bois ;
Et le ciel, et le fleuve, et les monts, et les plaines,
Et les murs sanglants de Vincennes,
De longs gémissements accompagnaient sa voix.

Les brigands, muets d'épouvante
En détournant les yeux saisissent le héros...
Sur sa dépouille encor vivante

J'entends tomber la terre et marcher les bourreaux !...
C'en est fait, tout à coup s'échappe de la tombe
Un cri plaintif du héros qui succombe...
Ils se regardent terrassés ;
Ils pensent voir d'Enghien qui, pâle, formidable,
Se relève au milieu de leur troupe coupable,
Et les suit de ses bras glacés.

Mais alors s'élançant sur le char des orages,
Saint-Louis monte dans les airs ;
Il monte, et loin encor sur le flanc des nuages
Sa trace éclate en mille éclairs.
Pâles d'horreur, frappés des colères célestes,
Les bourreaux en tremblant quittent ces lieux funestes ;
Tout se tait dans les champs déserts ;
Et dans les cieux, troublés de leurs rires funèbres
On entendit passer les géants des ténèbres
Qui redescendaient aux enfers.

E. HUGO (1).

---

(1) *Conservateur littéraire*, tome Ier, 9e livraison, pp. 321-326.

ODE SUR LA MORT

DE

S. A. S. LOUIS-JOSEPH DE BOURBON

PRINCE DE CONDÉ

ODE SUR LA MORT

DE

S. A. S. LOUIS-JOSEPH DE BOURBON

PRINCE DE CONDÉ

QUI A CONCOURU POUR LE PRIX

Par M. EUGÈNE HUGO

> Je lui ai dit : j'ai travaillé en vain, j'ai consumé inutilement et sans fruit toute ma force ; mais le Seigneur me fera justice, et j'attends de mon Dieu la récompense de mon travail.
>
> Isaie.

LE cèdre en vain battu des vents de la tempête,
Mais enfin ébranlé par les eaux d'un torrent,
Prête encor son ombrage au chasseur qui s'arrête,
Et qui l'admire en soupirant.
Bientôt il tombe ; il tombe et la nuit dans l'orage
On entend gémir le feuillage
Des jeunes arbrisseaux qu'il a long-temps couverts,
Et l'aigle sans abri, planant dans les nuages,
Suit, en poussant des cris sauvages
Son vieux tronc dépouillé qui roule vers les mers.

JE rêvais l'œil fixé sur ma lyre héroïque,
Tristement appendue aux rameaux d'un cyprès ;
Soudain la corde prophétique
Frémit, en résonnant sur des tons de regrets.
Je me lève ; je vois dans nos murs en alarmes
Les peuples rassemblés, les magistrats en larmes,
Des guerriers d'un long crêpe entourant des drapeaux ;
Et loin, dans Saint-Denis, sous la voûte déserte,
La pâle mort veillant près d'une tombe ouverte,
Parmi les tombes des héros.

LA renommée, errant au milieu de nos plaines,
Rassemblait sur ses pas les peuples attendris ;
Les remparts sanglans de Vincennes
Répétaient en lugubres cris :
CONDÉ *n'est plus*, criaient les vieux fils de la guerre ;
CONDÉ *n'est plus*, criaient les puissans de la terre
Autour de la patrie en deuil ;
Et tous les malheureux, famille gémissante,
Enfans, vieillards, pressant leur démarche tremblante,
Couraient en foule à son cercueil.

TELS lorsqu'on avait vu des licteurs en silence
Rentrer, le front baissé, dans la ville de Mars,
Les Romains frémissaient ; toute une foule immense
En tumulte au *Forum* marchait de toutes parts ;
Et bientôt, déployant les nouvelles fatales,
Le Préteur paraissait aux rostres triomphales
Attestant leurs récens lauriers ;
Et ses cris indignés, et sa douleur profonde,
Dénonçaient aux maîtres du monde
La défaite de leurs guerriers.

DÉJA s'est élevé sur un lit funéraire,
Dans ces funèbres lieux encor pleins de héros,
Supportant des CONDÉS l'épée héréditaire,
Un cercueil entouré d'armes et de drapeaux
Déjà, touchés du sort du Héros de la France,
Ces hommes divisés de parti, d'espérance,
        Se souviennent qu'ils sont Français.
Au pied de son cercueil la France se rassemble ;
Peuples divers surpris de se trouver ensemble
        Réunis *des* mêmes regrets.

L'UN contait sa vertu de malheurs poursuivie,
        L'autre sa gloire et ses combats ;
Le pauvre racontait les secrets de sa vie :
        Tous gémissaient de son trépas.
L'un disait : dès le jour de son adolescence
Ses trésors bienfaisans s'ouvraient à l'indigence ;
Il nourrissait le peuple en des temps désastreux.
Tous disaient : il fut grand ; tous disaient : il fut juste,
        Il mérita son rang auguste,
        Il eût mérité d'être heureux.

. . . .
. . . .

IL n'était plus celui qui nous fut le modèle
Des hommes ses aïeux, qu'on vit revivre en lui,
        Qui d'un laurier toujours fidèle
A nos lis agités prêta le noble appui ;
        Celui qui, vaincu d'un long âge,
Supporta des malheurs dignes de son courage
Comme il eût supporté l'ivresse des succès :
        Par ses vertus, à nos forfaits égales,

Montrant aux nations de la France rivales
Qu'il était toujours des Français.

COMME un phare impuissant au milieu des tempêtes,
Comme un roc protecteur entraîné par les flots,
Nous l'avons vu jadis sur nos coupables têtes
Relever, mais en vain, l'étendard du héros :
Témoignage éclatant que les maux de la France
Par la vertu, par la vaillance
Vainement en leur cours allaient être arrêtés,
Et que Dieu, nous frappant de sa main redoutable,
Voulait manifester un exemple effroyable
A tous les peuples révoltés.

LE ciel, à ses vertus donnant leur récompense,
Voulut que de ses yeux, témoins de nos malheurs,
Ce vieux Français put voir le salut de la France,
Pour qu'un trépas tranquille endormit ses douleurs.
Il ne fut pas permis qu'après tant de misères,
Ses os ensevelis loin des os de ses pères
Dussent à l'étranger l'asile d'un tombeau,
Et qu'on pût reprocher l'exil de sa poussière,
A cette terre illustre, enfin hospitalière,
Qui s'honorait de son berceau !

LA France avec respect accueillit la vieillesse
Du patriarche des guerriers ;
Un moment il parut retrouver sa jeunesse,
Assis sous nos jeunes lauriers.
Mais la mort l'attendait : ce monstre impitoyable
A rejoint à son fils ce vieillard vénérable,
Autrefois notre espoir et toujours notre orgueil ;

Fier d'avoir renfermé cette race si belle,
Qui dût être éternelle,
Dans l'horreur d'un même cercueil.

. . . .
. . . .
. . . .(1)

---

(1) *Recueil de l'Académie des Jeux floraux*, 1819. — A Toulouse, chez M. J. Dalles, in-8, pp. XX-XXIII.

STANCES A THALIARQUE

STANCES A THALIARQUE

Laisse-là les chagrins d'une vaine prudence,
Thaliarque, et n'en crois qu'à ton joyeux désir ;
Le présent est pour le plaisir,
Et l'avenir pour l'espérance.

Le présent est à toi, l'avenir est aux dieux :
Ne les outrage pas en t'affligeant d'avance ;
Jouis de leurs bienfaits, crois en leur indulgence,
Et contente-toi d'être heureux.

Celui-là seul, mortels, comprend sa destinée,
Qui, tout le long du jour, assis dans un festin,
Jouit gaîment de sa journée,
Sans nul souci du lendemain.

Vois ce stoïcien malheureux qu'on admire,
Il nous regarde, armé d'un œil indifférent ;
Il nous insulte d'un sourire,
Et se détourne en soupirant.

Te verrons-nous toujours, avec un soin frivole,
Épargner ces trésors par ton père amassés,
Lycus ? quoi ! crains-tu donc qu'il ne t'en reste assez
Pour payer la fatale obole ?

8

Buvons, rions, chantons, soyons des fous heureux.
N'attendons pas, amis, que la pâle vieillesse
Vienne, ridant nos fronts joyeux,
Nous condamner à la sagesse.

Pour moi, toujours fidèle au doux dieu des chansons,
Je veux de la mort même égayer l'arrivée,
Et parer en riant de mes derniers festons
Sa faux sur ma tête levée.

E. HUGO (1).

(1) *Conservateur littéraire*, tome Ier, 3e livraison, pp. 84-75.

ŒUVRES COMPLÈTES

D'ANDRÉ DE CHÉNIER

ŒUVRES COMPLÈTES D'ANDRÉ DE CHÉNIER

Un jeune homme, élevé au milieu du siècle des idées nouvelles, de ce siècle remarquable par tant d'erreurs brillantes, s'attache servilement sur la trace des maîtres. Égaré par un excès de modestie, comme tant d'autres par un excès d'orgueil, loin de chercher une renommée prématurée, il se livre à des études solitaires ; les encouragements de quelques amis lui suffisent : il traverse son siècle également inconnu à la gloire et à la critique. Tout-à-coup, il tombe avant le temps : Je n'ai rien fait pour la postérité, dit-il ; du moins a-t-il fait assez pour sa gloire, en montrant ce qu'il aurait pu faire.

Tel fut André de Chénier, jeune homme d'un véritable talent, auquel, peut-être, il n'a manqué que des ennemis.

Nous laisserons à d'autres le triste courage de triompher de ce jeune lion arrêté au milieu du développement de ses forces. Qu'on méprise ce style incorrect et parfois barbare, ces idées vagues et incohérentes, cette effervescence d'imagination, rêves tumultueux de talent qui s'éveille, cette manie de mutiler ses phrases, et, pour ainsi dire, de les tailler à la grecque, les mots dérivés des langues anciennes employés dans toute l'étendue de leur acception maternelle, des coupes bizarres, aucune connaissance du véritable mécanisme de la poésie française ; ces défauts sont grands, mais ils ne sont point dangereux : il s'agit de rendre justice à un homme qui n'a point joui de sa gloire ; qui osera lui reprocher ses imperfections, lorsque la hache révolutionnaire repose encore toute sanglante au milieu de ses travaux inachevés ?

Si, d'ailleurs, on vient à considérer quel fut celui dont nous recueillons aujourd'hui l'héritage, nous ne pensons pas que le sourire effleure facilement les lèvres. On verra un jeune homme d'un caractère noble et modeste, enclin à toutes les douces affections de l'ame (*sic*), ami de l'étude, enthousiaste de la nature. En ce temps, la révolution est imminente ; la renaissance des siècles antiques est proclamée ; Chénier devait être trompé, il le fut : jeunes gens, qui de nous n'aurait point voulu l'être ? Il suit le fantôme, il se mêle à tout ce peuple qui marche avec une ivresse délirante par le chemin des abîmes. Plus tard, on ouvrit les yeux, les hommes égarés tournèrent le tête ; il n'était plus temps pour revenir en arrière, il était encore temps pour mourir avec honneur : plus heureux que son frère, Chénier vint désavouer son siècle sur l'échafaud.

Il s'était présenté pour défendre Louis XVI, et quand le martyr fut envoyé au ciel, il rédigea cette lettre par laquelle la dernière ressource de l'appel au peuple fut enfin offerte à la conscience des bourreaux.

Cet homme si intéressant n'eut pas le temps de devenir un poète parfait ; mais, en parcourant les fragments qu'il nous a laissés, on rencontre des détails qui font oublier tout ce qui lui manque. Nous allons en signaler quelques-uns ; voyons d'abord le tableau de Thésée tuant un centaure.

Il va fendre sa tête ;
Soudain, le fils d'Égée, invincible, sanglant,
L'aperçoit, à l'autel prend un chêne brûlant,
Sur sa croupe indomptée, avec un cri terrible,
S'élance, va saisir sa chevelure horrible,
L'entraîne, et quand sa bouche ouverte avec effort
Crie, il y plonge ensemble et la flamme et la mort.

Ce morceau présente ce qui constitue l'originalité des poètes anciens, la trivialité dans la grandeur ; d'ailleurs, l'action est vive, toutes les circonstances sont bien saisies et les épithètes sont pittoresques : que leur manque-t-il ? Une coupe élégante ; nous préférons cependant une pareille barbarie à ces vers, qui n'ont d'autre mérite qu'une irréprochable médiocrité. Il y a dans Ovide,

Nec dicere Rhoetus,
Plura sinit, rutilasque ferox per aperta loquentis
Condidit ora viri, perque os in pectore flammas.

C'est ici que Chénier imite en maître. Il avait dit des serviles imitateurs :

La nuit vient, le corps reste, et son ombre s'enfuit.

Voyez encore ces vers de l'apothéose d'Hercule :

Il monte, sous ses pieds
Etend du vieux lion la dépouille héroïque,
Et, l'œil au ciel, la main sur la massue antique,
Attend sa récompense et l'heure d'être un Dieu.
Le vent souffle et mugit, le bûcher tout en feu
Brille autour du héros, et la flamme rapide
Porte aux palais divins l'âme du grand Alcide.

Nous préférons cette image à celle d'Ovide, qui peint Hercule étendu sur son bûcher avec un visage aussi calme que s'il était couché sur le lit des festins.

Veut-on maintenant des vers bien faits, des vers où brille le mérite de la difficulté vaincue, tournons la page, car pour citer, on n'a guère que l'embarras du choix.

Toujours ce souvenir m'attendrit et me touche,
Quand lui-même appliquant la flûte sur ma bouche,
Riant, et m'asseyant près de lui sur son cœur,
M'appelait son rival et déjà son vainqueur.
Il façonnait ma lèvre inhabile et peu sûre,
A souffler une haleine harmonieuse et pure,
Et ses savantes mains prenant mes jeunes doigts,
Les levaient, les baissaient, recommençaient vingt fois,
Leur enseignant ainsi, quoique faibles encore,
A fermer tour à tour les trous du buis sonore.

Veut-on des images gracieuses ?

J'étais un faible enfant, qu'elle était grande et belle,
Elle me souriait et m'appelait près d'elle.
Debout, sur ses genoux, mon innocente main
Parcourait ses cheveux, son visage, son sein ;
Et sa main quelquefois aimable et caressante,
Feignait de châtier mon enfance imprudente.
C'est devant ses amants, auprès d'elle confus,
Que la fière beauté me caressait le plus.
Que de fois (mais, hélas ! que sait-on à cet âge ?)
Que de fois ses baisers ont pressé mon visage
Et les bergers disaient, me voyant triomphant,
O que de biens perdus ! ô trop heureux enfant !

Les idylles de Chénier sont la partie la moins travaillée de ses ouvrages, et cependant nous connaissons peu de poèmes, dans la langue française, dont la lecture soit plus attachante ; cela tient à cette vérité de détails, à cette abondance d'images, qui caractérisent la poésie antique. On a observé que telle églogue de Virgile pourrait fournir des sujets à toute une galerie de tableaux.

Mais c'est surtout dans l'élégie qu'éclate le talent d'André de Chénier. C'est là qu'il est original, c'est là qu'il laisse tous ses rivaux en arrière ; peut-être l'habitude de l'antiquité nous égare, peut-être avons-nous lu avec trop de complaisance les premiers essais d'un poète malheureux ; cependant nous osons croire, et nous ne craignons pas de dire, que, malgré tous ses défauts, André Chénier sera regardé parmi nous comme le père et le modèle de la véritable élégie.

C'est ici qu'on est saisi d'un profond regret en voyant combien ce jeune talent marchait déjà de lui-même vers un perfectionnement rapide. En effet, élevé au milieu des Muses antiques, il ne lui manquait que la familiarité de sa langue ; d'ailleurs, il n'était dépourvu ni de sens, ni de lecture, et encore moins de ce goût qui n'est que l'instinct du vrai beau. Aussi voit-on ses défauts faire place rapidement à des beautés hardies, et s'il se débarrasse encore quelquefois des entraves grammaticales, ce n'est plus guère qu'à la manière de La Fontaine, pour donner à son style plus de mouvement, de grâce ou d'énergie :

Et c'est Glycère, amis, chez qui la table est prête ?
Et la belle Amélie est aussi de la fête ?
Et Rose qui jamais ne lasse les désirs,

Et dont la danse molle aiguillonne aux plaisirs ?

. . . .

J'y consens. Avec vous je suis prêt à m'y rendre.
Allons. Mais si Camille, ô dieux ! vient à l'apprendre
Quel orage suivra ce banquet tant vanté,
S'il faut qu'à son oreille un mot en soit porté.
Oh ! vous ne savez pas jusqu'où va son empire.
Si j'ai loué des yeux, une bouche, un sourire ;
Ou si, près d'une belle assis en un repas,
Nos lèvres en riant ont murmuré tout bas,
Elle a tout vu. Bientôt cris, reproches, injure :
Un mot, un geste, un rien, tout était un parjure.
« Chacun pour cette belle avait vu mes égards ;
Je lui parlais des yeux, je cherchais ses regards. »
Et puis des pleurs ! des pleurs, que Memnon sur sa cendre
A sa mère immortelle en a fait moins répandre.
Que dis-je ? sa colère (1) ose en venir aux coups.

Et ceux-ci, où brille, à un égal degré, la variété des coupes et la vivacité des tournures :

Une amante moins belle aime mieux, et du moins,
Humble et timide à plaire elle est pleine de soins ;
Elle est tendre ; elle a peur de pleurer votre absence.
Fidèle, peu d'amants attaquent sa constance ;
Et son égale humeur, sa facile gaîté,
L'habitude, à son front, tiennent lieu de beauté.
Mais celle qui partout fait conquête nouvelle,

---

(1) « Que dis-je ? sa *vengeance* ose en venir aux coups », peut-on lire dans l'édition critique de M. L. Becq de Fouquières (Paris, Charpentier, 1862 ; in-8, de 2 ff., XCI-493 pp., plus 1 f. pour les errata). Les citations données par Eugène Hugo, d'après l'édition de M. de Latouche, comportent d'autres variantes qu'il n'y a pas lieu de relever ici.

Celle qu'on ne voit point sans dire : « Qu'elle est belle ! »
Insulte, en son triomphe, aux soupirs de l'amour.
Souveraine au milieu d'une tremblante cour,
Dans son léger caprice inégale et soudaine,
Tendre et douce aujourd'hui, demain froide et hautaine,
Si quelqu'un se dérobe à ses enchantements,
Qu'est-ce enfin qu'un de moins dans un peuple d'amants ?
On brigue ses regards, elle s'aime et s'admire,
Et ne connaît d'amour que celui qu'elle inspire.

Contraints de nous renfermer dans les bornes d'un article, nous ne pouvons mettre sous les yeux de nos lecteurs tous les morceaux qui nous ont frappé dans ce singulier ouvrage ; nous nous contenterons de leur recommander les 17e, 22e et 39e élégies, dont nous n'avons rien cité. En général, quelle que soit l'inégalité du style de Chénier, il est peu de pages dans lesquelles on ne rencontre des images pareilles à celles-ci :

Oh ! si tu la voyais cette belle coupable,
Rougir et s'accuser, et se justifier,
Sans implorer sa grâce et sans s'humilier,
Pourtant de l'obtenir doucement inquiète,
Et, les cheveux épars, immobile, muette,
Les bras, la gorge nus, en un mol abandon,
Tourner sur toi des yeux qui demandent pardon !
Crois qu'abjurant soudain le reproche farouche,
Tes baisers porteraient le pardon sur sa bouche.

Voici encore un morceau d'un genre différent,

aussi énergique que celui-là est gracieux ; on croirait lire des vers de quelqu'un de nos vieux poètes.

Souvent, las d'être esclave et de boire la lie
De ce calice amer que l'on nomme la vie,
Las du mépris des sots qui suit la pauvreté,
Je regarde la tombe, asile souhaité ;
Je souris à la mort volontaire et prochaine ;
Je me prie, en pleurant, d'oser rompre ma chaîne ;
Le fer libérateur qui percerait mon sein
Déjà frappe mes yeux et frémit sous ma main ;
Et puis mon cœur s'écoute et s'ouvre à la faiblesse :
Mes parents, mes amis, l'avenir, ma jeunesse,
Mes écrits imparfaits ; car, à ses propres yeux,
L'homme doit se cacher d'un voile spécieux.
A quelque noir destin qu'elle soit asservie,
D'une étreinte invincible il embrasse la vie,
Et va chercher bien loin, plutôt que de mourir,
Quelque prétexte ami de vivre et de souffrir.
Il a souffert, il souffre ; aveugle d'espérance,
Il se traîne au tombeau de souffrance en souffrance,
Et la mort, de nos maux ce remède si doux,
Lui semble un nouveau mal, le plus cruel de tous.

Il est hors de doute que si Chénier avait vécu, il se serait placé un jour un de nos premiers poètes lyriques. Jusque dans ses essais informes, on trouve déjà tout le mérite du genre, la verve, l'entraînement et cette fierté d'idées d'un homme qui pense par lui-même ; d'ailleurs, partout la même flexibilité du style, là, des images gracieuses ; ici, des détails rendus avec la plus énergique trivialité. Ses odes, à la manière antique, écrites en latin, seraient citées comme des modèles d'élévation et d'énergie ; encore toutes latines qu'elles sont, il n'est pas rare d'y trouver des strophes dont aucun poète français ne désavouerait la teinte ferme et originale.

Vain espoir ! inutile soin !
Ramper est des humains l'ambition commune ;
C'est leur plaisir, c'est leur besoin.
Voir fatigue leurs yeux, juger les importune ;
Ils laissent juger la Fortune.
Qui fait juste celui qu'elle fait tout puissant,
Ce n'est pas la vertu, c'est la seule victoire
Qui donne et l'honneur et la gloire.
Teint du sang des vaincus, tout glaive est innocent.

Et plus loin :

C'est bien. Fais-toi justice, ô peuple souverain,
Dit cette cour lâche et hardie.
Ils avaient dit : C'est bien, quand la lyre à la main,
L'incestueux chanteur, ivre du sang romain,
Applaudissait à l'incendie.

Il n'y aura point d'opinion mixte sur André Chénier. Il faut jeter le livre ou se résoudre à le relire souvent ; ses vers ne veulent pas être jugés, mais sentis. Ils survivront à bien d'autres qui leur paraissent supérieurs ; peut-être, comme le disait naïvement La Harpe, peut-être parce qu'ils renferment, en effet, quelque chose : en général, en lisant Chénier, substituez aux termes qui vous choquent leurs synonymes latins, il sera rare que vous ne rencontriez pas de beaux vers. Cela ne veut pas dire qu'il soit un bon auteur, mais cela prouve, du moins, qu'il avait tout ce qu'il faut pour l'être, les idées ; le reste est l'habitude.

D'ailleurs, vous trouverez dans Chénier la manière franche et large des anciens, rarement de vaines antithèses, plus souvent des pensées naturelles, des peintures vivantes, partout l'empreinte de cette sensibilité profonde, sans laquelle il n'est point de génie, et qui est peut-être le génie elle-même. Qu'est-ce, en effet, qu'un poète ? Un homme qui sent fortement, exprimant des impressions dans une langue plus expressive. La poésie, ce n'est presque que sentiment, dit Voltaire.

E. (1).

---

(1) *Conservateur littéraire,* t. I, 1re livraison, pp. 15-23.

LE DUEL DU PRÉCIPICE

PROSE

LE DUEL DU PRÉCIPICE

(Poésie erse) (1)

Je t'atteindrai, je te frapperai de mon épée, et ton crâne me servira dans les festins, dit le Danois.

Mes chiens ont faim, répondit le Saxon ; ils demandent du sang, et ce ne sera pas la première fois que mes chiens auront été servis avant le fils de tes aïeux.

Il dit, et il ricane comme un corbeau qui croasse à

---

(1) « Ce morceau, spécifie une note d'Eugène Hugo, est traduit d'un ouvrage peu connu en France, publié à Stockholm en 1805, par le savant professeur P. Merner, et intitulé : *Exquisitiones philosophicæ.* » Malgré sa précision apparente, cette référence, dont je ne trouvais pas trace à la Bibliothèque nationale, n'était point sans m'inspirer quelques doutes ; je flairais une de ces supercheries que ne détestait pas le romantisme, dont le *Théâtre de Clara Gazul* offre un exemple connu de tous. Pour en avoir le cœur net, j'écrivis au directeur de la Bibliothèque royale de Stockholm, qui, avec une bonne grâce parfaite, dont j'aime à le remercier, a confirmé mes soupçons : l'ouvrage publié à Stockholm en 1805, et cité par Eugène Hugo, n'existe pas. Le nom de Merner est d'ail-

l'aspect d'un cadavre. Attends-moi seulement, dit le Danois ; et il parcourt le bord de l'abîme, cherchant un passage. La place où je t'attends, tu y attendras les vautours, répond le Saxon, toujours immobile et debout dans ses armes.

Mais l'abîme qui les sépare est large et profond ; il est semé de rochers, et un torrent roule au fond comme un tonnerre. C'est en vain que le Danois cherche un passage : il rugit de fureur. Cependant, à l'aspect du combat des deux barbares, les armées s'arrêtent, les trompettes font silence, les coursiers frappent du pied la terre, et le sang ruisselait le long des piques.

Un sapin était là, un vieux sapin qui avait été abattu par les tempêtes. Les esprits de la nuit l'avaient roulé du haut de la montagne, afin qu'il descendît vers les mers, et qu'il conduisit vers les contrées lointaines les héros, leurs enfants ; mais le

---

leurs totalement inconnu dans la littérature suédoise. Il existe bien une famille illustre du nom de Mœrner « qui prend une des premières places dans notre vieille noblesse, mais, parmi les membres de cette famille, on ne trouve pas de philosophes, mais seulement des hommes d'État, des militaires, etc., etc. »

Rudyard Kipling a, au surplus, récemment réédité cette mystification attribuant au poète Stagnelius un poème lyrique dont on chercherait vainement le texte dans son œuvre. La poésie erse d'Eugène Hugo appartient, comme il était présumable, à ce genre de pastiches et il faut rendre au second fils du général Hugo, dans son romantisme échevelé, ce qu'il prêtait à l'imaginaire P. Merner. Les *Exquisitiones philosophicæ* étaient dignes de figurer dans la bibliothèque du comte de Fortsas.

sapin s'était arrêté sur le bord de l'abîme, sachant qu'il ne verrait jamais de combat plus terrible que celui dont il allait être témoin.

Le Danois s'avance rapidement, plié sous l'horrible fardeau ; le Saxon, son glaive nu à la main, se tient prêt à s'élancer sur le pont que son ennemi lui prépare. Tout à coup le Danois s'arrête, et le sapin tombe en retentissant sur les deux bords.

Ils se sont rencontrés au milieu du pont fragile ; ils se sont saisis ; ils se tiennent, ils se pressent, pied contre pied, poitrine contre poitrine ; tous les deux, ils veulent s'enlever et se précipiter dans le gouffre ; tous les deux, ils sont immobiles : on dirait qu'ils ne combattent que des yeux.

Tout à coup un cri se fait entendre, un cri terrible. Le Saxon a soulevé son ennemi et le tient entre ses bras au-dessus de sa tête ; il le balance en rugissant de triomphe ; il va le lancer dans le précipice.

Alors on vit les bergers, qui s'étaient enfuis par crainte de la bataille, s'avancer sur le haut des rochers ; on entendit les loups hurler dans la solitude des forêts, et l'on aperçut distinctement dans les airs les fantômes emportés par les vents qui se penchaient sur le bord des nuages.

Mais le Danois, d'une main, a saisi son vainqueur par sa rouge chevelure ; de l'autre il le frappe au visage de son poignard. Les cris de joie se changent en cris de détresse. La tête du Saxon se rejette en arrière ; il chancelle, le pied lui manque, ils vont tomber.

Épargne-moi, crie-t-il au vaincu. Regagne la terre, répond le Danois. Et le Saxon s'avance, aveuglé par le sang ; il marche à pas lents, suspendu sur l'abîme, tenant toujours entre ses bras son ennemi, qui le guide.

Enfin il a franchi l'abîme ; il a mis le pied sur la terre, ils sont sauvés. Tout-à-coup, emporté par la douleur, il se retourne et veut lancer son ennemi dans le gouffre. Meurs, s'écrie le Danois. Il le frappe ; le Saxon frappé chancelle ; il tombe et il entraîne le Danois avec lui.

Ils roulent, ils roulent de roc en roc. Bardes, chefs, soldats, tout est accouru sur le bord du précipice. On les voit se saisir, se frapper, se combattre encore. Tout-à-coup ils arrivent à un endroit où le roc est à pic, ils disparaissent, et on entend leurs corps se briser sur un rocher qui s'avance en esplanade au-dessus du torrent.

Ils restent quelque temps sans mouvement ; peu à peu on voit les cadavres se ranimer et se chercher encore à coups de poignard. Arrêtez ! criaient les Senécions, les Senécions dont l'aspect doit être assez puissant pour faire rentrer au fourreau les glaives déjà tirés ; vaines clameurs : ils se roulent. Tout-à-coup, chose horrible ! un ours énorme sort de dessous les glaces, il se jette sur les deux guerriers, et, aux cris de toute l'armée, il les entraîne en rugissant dans sa caverne.

E. (1).

(1) *Conservateur littéraire*, t. Ier, 5e livraison, pp. 165-167.

DERNIÈRE ASSEMBLÉE DES FRANCS-JUGES

(TRAHISON POUR TRAHISON)

TRAHISON POUR TRAHISON (1)

Au milieu d'une des forêts de la Westphalie, dans une vaste clairière, s'élève un tribunal, construit avec des troncs d'arbres ; aux quatre coins sont debout quatre hommes, armés de haches ; en face est placé un billot couvert d'un manteau noir, sur lequel on aperçoit une épée ; et, à la lueur de quelques torches attachées à des arbres, on voit se mouvoir, au loin, dans la forêt, des hommes enveloppés dans des manteaux, qui se parlent, qui se font mutuellement des signes extraordinaires, et qui se promènent dans une agitation tumultueuse.

---

(1) Cette nouvelle avait d'abord paru sous le titre de : *Dernière Assemblée des Francs-Juges* (fragment), dans l'*Almanach des Dames pour 1825*, publié à Paris, chez Treuttel et Wurtz, libraires (in-32, de 224 pp.) pp. 97-103.

Abel Hugo la reproduisit sous le nouveau titre de : *Trahison pour trahison*, dans la troisième livraison (15 avril 1833) du *Conteur, Recueil de contes de tous les temps et de tous les pays*, qu'il dirigeait alors, sous la firme de Charpentier, au Palais-Royal. — C'est le texte que nous avons suivi, il est plus clair et plus compréhensible que celui de l'*Almanach des Dames*.

Tout-à-coup sept hommes, enveloppés pareillement dans des manteaux et portant de hauts panaches sur la tête, montent sur le tribunal. La foule se rapproche et se presse sous les arbres qui forment la ceinture de la clairière ; les quatre hommes armés de haches font entendre le cri sinistre de « Wehem-Gerieht ! » (1).

— Quelle heure est-il ? demande le chef des sept juges ?

— Il est la première heure du jour, répondirent les quatre bourreaux.

— Voilà qui est bien, reprend le grand-maître en s'asseyant.

Et les quatre bourreaux s'écrient à haute voix :

— Silence à la justice des comtes libres !

Le grand-maître se lève et dit :

— L'Empereur nous adresse l'ordre de dissoudre notre sévère tribunal. Mais ce qu'a établi Charlemagne, Sigismond peut-il le détruire ? L'épée qu'il a reçue de ceux qui l'ont précédé au trône, peut-il se dispenser de la transmettre à ses successeurs ? Ce n'est pas pour Sigismond, plutôt que pour chacun des empereurs qui doivent régner après lui, que nous avons été créés par ceux qui ont fondé l'Empire. Sigismond n'a donc pas le droit de nous dissoudre. Je conclus que nous devons en appeler de son arrêt

(1) « Mot de reconnaissance des francs-juges. »

aux futurs empereurs, et que nous devons subsister jusqu'à ce que nous ayons reconnu par nous-mêmes que nous sommes devenus inutiles, par un amendement véritable dans la conduite de ceux qui obéissent et de ceux qui règnent.

Le discours du grand-maître est accueilli par un murmure d'approbation. Le cri de « tribunal secret ! tribunal secret ! » se fait entendre de toutes parts. Seulement les juges tressaillirent, car il leur sembla qu'au milieu des cris de la foule et qu'à travers le bruit du vent, une voix avait prononcé le cri fameux des partisans du pouvoir impérial : « tribunal défendu ! »

Le grand-maître se lève une seconde fois et dit :

— Malheur à nous si la haine ou l'amitié ont quelque influence sur nos décisions ! Que le sang de l'innocent retombe sur notre tête, aussi bien que l'impunité du coupable ! Je cite devant vous, comme coupable de trahison, le chevalier Eberhard de Wolfenbuttel.

Les quatre hommes armés de haches, placés aux quatre coins du tribunal, répétèrent trois fois à haute voix : « Eberhard de Wolfenbuttel ».

Ici divers discours s'élevèrent entre les six autres chevaliers francs-juges.

— Il y a décision de l'Empereur : qui osera se

charger de l'exécution de la sentence de mort ?... Malheur à ceux qui l'auront prononcée !... D'ailleurs, est-il certain que nous ne servions pas ici des vengeances particulières ?

— Il n'y a point de vengeances particulières, reprit le grand-maître : la loi parle. Eberhard mérite la mort : j'ai envoyé des chevaliers pour le saisir dans son château. Il sera convaincu par ses paroles et mis à mort par nos épées.

Pour la seconde fois, les quatre hommes armés de haches s'écrièrent à haute voix : « Eberhard de Wolfenbuttel ». Et la foule répondit par les clameurs : « Respect aux francs-juges ! exécution à la justice des comtes libres ! »

En ce moment, à l'extrémité de la clairière, parut un chevalier attaché sur son cheval et conduit par quatre hommes d'armes, qui marchaient l'épée nue à la main.

Deux chevaliers s'avancèrent et reçurent à voix basse le mot d'ordre, que leur transmettaient les gardiens du prisonnier, et ceux-ci, s'arrêtant à quelque distance du tribunal, s'écrièrent : « Voici Eberhard de Wolfenbuttel. »

La nuit était sombre ; des nuages épais passaient rapidement sur la lune, les torches attachées aux arbres ne jetaient qu'une faible lueur. La plupart des chevaliers, épouvantés des ordres de l'Empereur, craignaient également de reconnaître ceux qui les entouraient et d'en être reconnus.

— Es-tu Eberhard de Wolfenbuttel ? demanda le grand-maître au prisonnier.

— Je le suis, répondit une voix que tous les chevaliers présents reconnurent pour être celle d'Eberhard.

On remarqua seulement que le chevalier, qui était lié sur le cheval, laissait tomber sa tête sur sa poitrine ; quelques-uns crurent entendre un gémissement étouffé. Mais tous étaient attentifs au discours du grand-maître, et la forêt commençait à être agitée par une tempête prochaine.

— Eberhard, dit le grand-maître, tu es accusé de trahison ; qu'as-tu à dire pour ta défense ?

— La trahison, répondit Eberhard, est celle de celui qui n'a pas craint d'envoyer son fils dans mon château, sous prétexte d'hospitalité, pour s'emparer de ma personne et me conduire devant ce tribunal de sang.

— Il n'y a point de trahison avec les traîtres, reprit le grand-maître.

— Je le pense ainsi, répondit Eberhard.

— Tu es accusé de trahison, reprit le grand-maître ; qu'as-tu à dire pour ta défense ?

— Comtes libres, soyez entre lui et moi, repartit

Eberhard. Un des fils du grand-maître avait déshonoré la sœur de mon ami, et, pour se soustraire à sa vengeance, il s'était fait moine. Malgré la sainteté de son habit, mon ami osa le tuer. — D'après vos lois, il méritait la mort. — Je fus choisi par le grand-maître pour l'assassiner. Je préférai mon ami à mon serment ; je lui indiquai les mots secrets de passage, et je l'aidai à traverser le Rhin. De quoi suis-je coupable ?

— D'un crime qui mérite la mort, répondirent tous les francs-juges.

— Quoi ! dit Eberhard, il n'y a donc pas de distinction de motifs ? quiconque dévoile les secrets de l'ordre doit périr ?

— C'est toi qui l'as dit, répondit le grand-maître.

— Mais s'il était prisonnier dans le château de son ennemi, s'il était menacé des tortures et s'il était approché des brasiers ardens ?

— S'il déclare le mot d'ordre, il doit périr, reprit le grand-maître.

— Eh bien ! c'est vous qui l'avez dit, s'écria Eberhard ; que le sang qui va être répandu retombe sur votre tête !

En ce moment, les quatre hommes d'armes conduisirent le cheval du chevalier jusqu'au fatal billot ; l'épée à la main, ils le forcèrent à mettre pied à terre. L'infortuné gémissait sourdement, et ses sanglots étouffés contrastaient avec la fierté du langage qu'on venait d'entendre.

— Qui se chargera de l'exécution ? demanda le grand-maître.

Aucune voix ne répondit ; les ordres de l'empereur étaient si précis que personne ne se présenta.

— Ce sera donc moi, répondit le grand-maître avec emportement et comme irrité de ce silence.

Il descendit de son tribunal.

Il s'avança, suivi des quatre bourreaux. Arrivé près des hommes d'armes, il leur demanda :

— Où est mon fils ?

Ils répondirent : « Il n'est pas loin. » Puis ils s'éloignèrent et se perdirent dans la foule.

— Enfin, tu vas mourir, Eberhard, dit le vieillard avec une joie féroce.

Un gémissement étouffé fut toute la réponse du prisonnier.

— A genoux, lâche ! reprit le grand-maître.

Et, comme le prisonnier tardait, les bourreaux le forcèrent à s'agenouiller, et, saisissant sa chevelure, lui tinrent la tête baissée sur le billot.

Le vieillard frappa.

Il se fit un grand silence ; puis, levant son épée, il s'écria d'une voix triomphante :

— Il est mort !

— Qui est-ce qui est mort ? répondit une voix que

tous les assistans reconnurent avec effroi pour celle d'Eberhard.

On apporte des torches, on examine le cadavre, un bâillon lui fermait la bouche, le grand-maître reconnaît avec horreur son propre fils.

Il se relève : « Allumez les flambeaux, parcourez la forêt ; chevaliers, aidez-moi à reconnaître le traître qui est caché parmi vous ! »

Une voix se fait entendre :

« Malheur à ceux qui ont transgressé les ordres de l'Empereur ! »

Soudain, les torches s'éteignent ; il se fait un profond silence, et l'assemblée entière s'éloigne, comme si elle avait été dispersée par un prodige.

EUGÈNE HUGO (1).

---

(1) *Le Conteur*, 15 avril 1833, pp. 109-122.

TABLE

ACHEVÉ D'IMPRIMER
le vingt cinq août mil neuf cent vingt-quatre
sur les presses de
l'Imprimerie Orléanaise
pour JEAN FORT, éditeur à Paris.

www.ingramcontent.com/pod-product-compliance
Ingram Content Group UK Ltd.
Pitfield, Milton Keynes, MK11 3LW, UK
UKHW021307190726
13839UKWH00007B/369

9 782329 552781